KB188991

이찬원의
커튼콜

한 번뿐인 인생, 힘차게 노래하라

이찬원의 커튼콜

초판 1쇄 발행 | 2024년 11월 08일

지은이 | 조성진
펴낸이 | 박영욱
펴낸곳 | 북오션

주   소 | 서울시 마포구 월드컵로 14길 62 북오션빌딩
이메일 | bookocean@naver.com
네이버포스트 | post.naver.com/bookocean
페이스북 | facebook.com/bookocean.book
인스타그램 | instagram.com/bookocean777
유튜브 | 쏠쏠TV·쏠쏠라이프TV
전   화 | 편집문의: 02-325-9172   영업문의: 02-322-6709
팩   스 | 02-3143-3964

출판신고번호 | 제 2007-000197호

ISBN 978-89-6799-843-1 (03670)

한 번뿐인 인생, 힘차게 노래하라

이찬원의
커튼콜

조성진 지음

북오션

초지일관(初志一貫)이라는 사자성어가 있다. 처음에 세운 뜻을 끝까지 밀고 나간다는 뜻이다.

그러나 세상을 살아가면서 온갖 상황 변수에 사람도 변하기 마련이다. '초지일관' 하기가 너무 어려운 게 현실이다. 그럼에도 처음에 세운 뜻을 끝까지 밀고 나간다면 그야말로 엄청난 뚝심, 의지의 인간이랄 수 있다.

이찬원은 초지일관의 전형이다. 그는 태어나 걷기도 전부터 트로트를 들으며 즐겨왔고, 처음 부르기 시작한 노래도 트로트였다. 이러한 취향은 초등학교 때부터 나타났고 중·고교에 이어 대학 재학 중에도 변하지 않았다. 취업 준비로 열을 올리던 동급생들과 달리 이찬원은 토익(TOEIC) 대신 여전히 트로트 노래집을 교과서처럼 끼고 살았다.

삶의 온갖 희로애락이 3분이란 짧은 시간으로 녹여내는

트로트의 정서를 이해하기도 전에 이찬원은 줄기차게 트로트만 불러댔다. 어릴 땐 뜻도 잘 모르는 이런 트로트를 부르는 것만으로도 마냥 신났고 성인이 되며 신나는 흥에 자신의 감성이 더해지며 드디어 삶이 묻어나기 시작했다.

이 책은 이러한 그의 음악 세계와 인간미를 집대성한 단행본이다. 대중음악계, 특히 트로트계에서 이찬원의 의미, 그음악 역량에 대한 국내 최초의 전문적 분석(평론)과 인간적 매력에 초점을 두어 음악인 이찬원의 가치를 더욱 널리 알리는데 중점을 두려고 했다. 전문가들의 의견을 많이 담으려 했던것도 이러한 이유 때문이다.

팩트(사실)에 근거한 정확한 내용을 위해 이찬원과 작업한 작곡가·프로듀서·세션 연주자 등 많은 관계자와의 인터뷰를 토대로 다양한 내용을 담으려 했다. 이 와중에 한 번도 공개된 적이 없는 여러 비하인드 스토리도 이 책을 통해 처음소개할 수 있었다.

이찬원이 발매한 정규앨범 및 2장의 미니앨범 및 싱글앨범 그리고 드라마 주제곡까지 총 22곡을 리뷰해 곡마다 이찬원만의 발성 특장점과 매력을 분석했다. 해당 곡을 쓴 작사가·작곡가가 당시 그 곡을 어떻게 작업했는지에 대해서도 정리해 곡을 이해하는 데 도움이 되도록 했다. 뿐만 아니라 세션 연주자들의 인터뷰도 최대한 다양하게 시도했다. 많은 가수를 세션하고 있는 국내 정상의 세션 연주자들은 현장의 목소리를 가장 빠르고 민감하게 아는 음악가들인 만큼 곡을 이해하는 데 중요한 단서를 제공하기 때문이다.

〈시절인연〉, 〈망원동 부르스〉 등과 같이 특히 많은 사랑을 받은 화제곡들은 해당 곡을 작업한 관계자들과의 인터뷰 내용을 더욱 많이 담으려고 했다.

이 책을 쓰기 위해 많은 음악 관계자를 만나면서 느낀 게 하나 있다. 그 누구도 이찬원의 가창력 음악성에 대해 엄지척을 아끼지 않았다는 것이다.

그간 필자는 남다른 행보를 보이는 대표 음악인들의 작품 세계와 그 의미, 작업 관련 비하인드 스토리를 종합해 책으로 내는 작업을 해오고 있었다. 그 와중에 간혹 해당 가수에 대해 아쉬움을 드러내는 전문가도 있었다. 관점의 다양성이란 차원에선 이런 긍정 부정의 소리도 필요한 것이지만 이찬원만큼은 하나같이 통일된 입장을 보이고 있었다. 책을 쓰는 입장에선 당연히 기뻤지만, 한편으론 신기하기도 했다. 역시 이찬원이란 생각이 다시 한번 들 정도로.

물론 일반 대중 모두 이찬원을 좋아한다고 생각하진 않는다. 취향마다 호불호가 있기 때문이다.

이 책을 통해 그에 대해 잘 몰랐거나 오해했던 부분을 이해하는 데 조금이나마 도움이 된다면 필자로선 더 이상 바랄게 없을 것 같다.

2024년 10월
조성진

차
례

▶ PART1

한국 대중음악사에서 이찬원의 의미

PART3

관계자들이 생각하는 이찬원

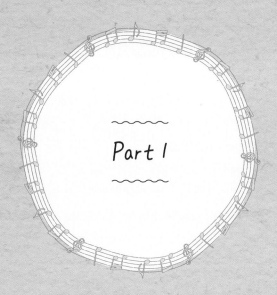

Part 1

한국 대중음악사에서
이찬원의 의미

트로트, 듣기엔 쉬운데
왜 하기엔 어려운 걸까?

삶의 희로애락 가장 직설적으로 표현

짧은 러닝타임에 온갖 파란만장 인생 녹여

한국서 가장 사랑받는 장르 1위는 발라드

2위 댄스/아이돌, 3위 트로트

이런 인기에 이찬원도 크게 기여

　　살아가며 겪는 온갖 감정 즉 기쁨, 슬픔, 화, 즐거움 등
인간의 희로애락(喜怒哀樂)을 가장 감성적으로 담아내는
예술 영역이 음악이다.

이러한 다양한 감정을 교향곡은 30~40분, 베르디나 푸치니 오페라에선 2시간 내외로 담아낸다. 물론 베토벤 9번 교향곡 〈합창〉은 1시간, 말러 3번 교향곡은 100분이 넘기도 하지만. 바그너의 오페라 〈파르지팔〉도 4시간이 넘으며, 그의 걸작인 〈니벨룽의 반지〉, 즉 〈라인의 황금〉-〈발퀴레〉-〈지크프리트〉-〈신들의 황혼〉 4부작 일명 '반지 사이클'은 무려 4일간 연주해야 하는 세계에서 가장 긴 분량의 마라톤 악극이다.

교향곡이 현악과 금관, 목관 등 다채로운 악기 구성으로 인간의 다양한 감정을 표현한다면 오페라는 테너-바리톤-베이스(남), 소프라노-메조(여) 등으로 성종을 나눠 작품 캐릭터의 감정을 다양하게 표현하고 있다. 희로애락을 인간의 목소리로 악기처럼 구사한다는 점이 돋보인다.

클래식 음악의 긴 러닝타임과는 달리 대중음악은 3~4분 내외로 희로애락을 담아낸다. 장편 대서사시 같은 분량의 심오함에 어찌 3~4분의 대중가요를 비교하겠느냐고

색안경을 낄 수도 있겠지만, 바로 이러한 짧지만 강렬한 여운을 주는 게 대중음악의 매력이다.

대중음악은 희로애락 중에서도 사랑과 이별, 그리움 등의 감정을 가장 많이 노래한다. 히트 차트에서 맹위를 떨친 세계의 유명 팝음악 상당수가 바로 이러한 주제를 다루었다. 강렬한 비트의 폭발적인 록음악과 재즈도 마찬가지다. 사랑, 이별, 그리움, 질투 등 몇 가지로 나눌 수 있지만이 모든 감정은 기본적으로 사랑에서 출발한다. 결국 대중음악에서 가장 많이 노래하고 있는 테마는 사랑이다. 여기에서 말하는 사랑은 연인 간의 사랑은 물론 자식에 대한부모의 사랑 등 모든 걸 포함한다.

사랑을 노래하는 대중음악에서도 어법이 가장 노골적이고 끈적하게 다가오는 게 트로트다. 가요 발라드에선 은유를 통한 여운과 여백을 강조하는 어법이 자주 사용되지만, 트로트에선 좀 더 직선적이다. 이것은 트로트가 쉬운화법에 익숙한 서민 정서와도 맞물려 있기 때문이다.

쉬운 화법이지만 그걸 가장 효과적으로 표현하기에 가장 어려운 것도 트로트다. 쉬운 형식과 진행인데 왜 어려운 것일까?

처음 한두 마디만 들어선 어떠한 장르인지 구분하기 힘든 음악도 많다. 그러나 트로트는 노래 시작부터 확실하게 트로트라고 말하며 끝날 때까지 이어진다. 어떠한 변칙도 없다. 이처럼 언뜻 심플하게 보이는 진행임에도 제대로 노래하기가 어려운 이유는 3분이란 짧은 러닝타임 속에 온갖 파란만장한 인생을 녹여내기 때문이다.

자기를 버리고 다른 여자와 떠난 나쁜 남자를 원망하는 노래라고 한다면 이미 노랫말이 너무 익숙해 뻔하게 들릴 수 있다. 그러나 가창자가 나쁜 남자를 미워하는 심정을 너무 절절하게 불러 듣고 있으면 나쁜 남자가 진짜 대단히 못된 놈, ×자식같이 여겨질 정도다.

생전에 대충대충 하다가 돌아가신 후에야 부모에 대한

사랑이 그리워 절절한 심정을 노래하는 데에선 청자 역시
후회와 그리움의 눈물이 함께 한다.

트로트와 청자의 감정이입은 이처럼 스폰지에 물이 스
며들듯 빠른 속도로 전이된다. 트로트만의 매력이자 강력
한 힘이다.

트로트에서 꺾기, 비브라토(바이브레이션) 등 몇몇 발성
기술을 중요시하는 이유도 이처럼 감정 표현을 더욱 짙게
하는 데 가장 효과적으로 사용할 수 있는 방식이기 때문이
다. 이러한 기술은 가사 특정 부분에서 가창자의 감정을
더욱 강렬하게 연출할 수 있다.

현 단계 트로트 음악계에서 많은 사랑을 받고 있는 인기
작곡듀오 '알고보니 혼수상태'는 필자에게 이렇게 말했다.

"트로트의 꺾기는 어렸을 때부터 (어느 정도) 학습이 돼야
자연스럽게 나올 수 있습니다. 노력으론 한계가 있다는

거죠."

맞는 말이다. 트로트에선 꺾는 포인트마저 인생을 담아 내는 다양한 노력이 내재돼 있는 것이다. 뛰어난 기술뿐 아니라 이러한 삶의 경험을 얼마나 잘 녹여 꺾을 때 극적인 포인트를 주느냐도 트로트 음악만의 매력 중 하나다.

MBC가 20년 넘게 방송한 최장수 인기 드라마 '전원일기'의 주제곡에서 색소폰을 연주한 김원용은 세션계의 원로 음악인이다. 그는 필자에게 "수많은 세션을 했지만 여전히 트로트가 가장 힘들고 어려운 장르"라고 말했다. 김원용은 "트로트는 정서상 특유의 소리가 해결돼야 하는 장르라서 어려운 겁니다. 따라서 삶의 무게가 함께 묻어나야 제대로 표현이 되는 음악"이라고 트로트가 어려운 음악인 이유에 대한 생각을 밝혔다.

저 유명한 윤수현의 〈천태만상〉의 편곡자이자 많은 트로트 곡을 작곡한 전홍민은 필자에게 이렇게 말했다.

"트로트(성인가요)는 음악의 끝판왕입니다. 이 장르도 할 줄 알고 저 장르도 할 줄 알아야 만들 수 있는 음악이기 때문이죠. 다른 장르를 하다가 잘 풀리지 않아 트로트나 해볼까 하고 뛰어들면 대부분 실패합니다. 그만큼 오랜 시간 음악을 듣고 이해할 줄 알아야 (제대로) 할 수 있는 장르가 바로 트로트입니다."

2023년 8월 19일 방송된 KBS 2TV '불후의 명곡'에서 이찬원은 이른 시간 출근한 성민의 성실함에 대해 칭찬했다. 김준현은 "1년만 겸손한 척해라. 아이돌 데뷔 연차가 있으니까 1년이면 된다"고 말했다. 그러자 성민은 "제가 듣기로는 트로트는 10년까지도 신인이라고 합니다"라고 했다. 이에 이찬원은 "장윤정 선배님이 데뷔 24년 차인데 가요무대에 가면 대기실이 없어서 차에서 대기한다. 제가 가요무대에 가서 설운도 선배님한테 인사드리러 갔다. 그런데 설운도 선배님이 남진 선배님한테 인사드리러 가서 없다더라"라고 말했다.

데뷔 41년 차 설운도도 데뷔 58년 차인 남진 앞에선 후배일 뿐인 트로트계의 깍듯한 위아래 문화를 엿볼 수 있는 말이다. 트로트라는 음악이 그만큼 오랜 숙성을 요하는 장르라는 걸 말해주는 사례이기도 하다.

현대 트로트는 전통적인 트로트 멜로디에 팝, EDM, 힙합 등 다양한 음악 장르를 접목시키며 변화를 시도하고 있다. 이런 변화는 젊은 세대가 트로트에 많은 관심을 갖기 시작하게 하는 계기가 될 뿐 아니라 트로트가 더 이상 특정 연령층만의 장르가 아니라, 다양한 세대가 공감할 수 있는 장르로 변하고 있다는 걸 보여준다.

전통 트로트를 중시하는 가운데 트렌드를 따르는 세미 트로트도 병행하는 가수가 있는 가 하면 세미 트로트를 메인으로 해 전통 트로트를 병행하는 가수도 있다. 각 비중을 어떻게 두느냐는 가수와 해당 소속사마다 음악시장에 대응하는 전략이므로 무엇이 맞고 틀리다고는 할 수 없다.

이런 점에서 이찬원은 전통 트로트에 발을 디디고 있는
가운데 트로트의 매력을 다양한 영역에서 보여주고 있다.

삶이 묻어나야만 장르의 어법을 제대로 표현할 수 있는
트로트라는 특성으로 보더라도 이찬원은 여기에 너무 잘
어울리는 가수다.

이찬원은 1996년 11월 1일생, 이제 만 27세다. 나이로
만 본다면 "감히 어떻게 전통 트로트를?"이라고 의문을 제
기할 수 있다. 그러나 그간 이찬원이 걸어온 길을 보면 그
는 무늬만 27년산일 뿐 트로트 음악으론 27년째 전통 트
로트를 해오고 있는 셈이다.

2024년 5월 9일 오후 10시 방송된 MBC 예능 '구해줘!
홈즈'에서 이찬원은 "좋은 걸 보면 트로트가 제일 먼저 나
온다"고 밝혔다.

2021년 2월 3일 방송된 MBC 예능 프로그램 '라디오스
타'에서 가수이자 보컬트레이너 박선주는 "찬원이와 같이

방송하면서 놀랐다"며 "저는 경력이 30년 정도됐기 때문에 잘 안다. 빠른 속도로 (심사평을) 적는데 찬원이도 그 속도로 적길래 놀랐다. 음악적 식견과 상업적 식견, 히스토리 등을 굉장히 날카롭게 파악한다. 이제 20대 초반인데 이제부터 하면 정말 대성하겠다는 생각을 했다"고 칭찬을 아끼지 않았다.

2020년 10월 29일 방송된 TV조선 '사랑의 콜센타' 30회에서 이찬원은 유지나의 〈미운 사내〉를 노래했다. 원곡자인 유지나는 이찬원이 〈미운 사내〉를 부르는 동안 뜨겁게 환호했다. 조항조와 진성은 "와, 진짜 잘하네! 나이도 어린데 어떻게 저렇게 잘하지! 타고났어! 자동으로 부르는 목소리야"라며 극찬을 아끼지 않았다.

어린 나이임에도 이처럼 극찬을 듣는 데에는 그만한 이유가 있는 것이다.

한국콘텐츠진흥원이 매년 음악산업 전반의 흐름을 분석한 리포트 '음악산업백서'에 의하면 날이 갈수록 트로트

음악의 인기가 높아지는 걸 알 수 있다.

'음악산업백서'에 의하면 2020년만 해도 한국에서 가장 많이 사랑받는 음악 장르 1위는 발라드로 무려 76.5%를 차지할만큼 압도적인 지지를 얻었다. 댄스(55.8%), OST(50.7%), R&B/소울(38.7%), 랩/힙합(33.1%) 등이 그 뒤를 이었다.

그러나 2021년부터 1위 발라드(61%), 2위 댄스(35.8%), 3위 OST(21.1%), 4위 R&B/소울(17.8%)에 이어 트로트가 13.5%로 5위를 차지했다. 랩/힙합은 13%로 6위로 밀려났다.

한국콘텐츠진흥원 '음악산업백서'의 2023년 리포트는 더욱 흥미롭다. 1위 발라드(53.3%), 2위 댄스/아이돌(40.8%), 3위 영화/드라마OST(21.9%), 4위 트로트(15.3%), 5위 랩/힙합(11.6%)의 선호도를 보이고 있는 것이다.

영화·드라마 OST는 한 작품에 다양한 장르의 곡이 삽입되는 것이다. 따라서 '즐겨듣는 음악 장르'를 리서치하는 원래 의도로 볼 때 OST는 제외되어야 한다. 이렇게 볼 때 2023년부터 한국에서 가장 많은 인기를 얻는 장르는 1위 발라드, 2위 댄스/아이돌, 3위 트로트다. 십수년 전만 해도 10위권 밖에 있던 소위 변방의 장르였던 트로트가 이제 대한민국에서 가장 많은 사랑을 받는 메인 장르로 부상한 것이다.

이러한 트로트 인기에 이찬원이란 가수는 단단히 한몫하고 있는 것이다.

나이는 20대, 그러나 이미
'완성형' 트로트 가수 (발성 가창 분석)

모든 노래는 남다른 '흥'에서 출발

써도 써도 소모되지 않는 '흥의 아이콘'

〈시절인연〉, 다채로운 톤과 비강공명 '발성 탁월'

선 굵고 폭넓은 비브라토, 파워풀 창법

착착 달라붙는 리듬감, 노련한 강약조절

"세상에서 제일 좋은 게 트로트"라고 외치던 남다른 어린 시절에서도 알 수 있듯이 이찬원은 태어날 때부터 가수, 그것도 '트로트 가수'였다.

이찬원은 언뜻 발라드 가수로 착각할 수 있을 만큼 여심을 자극하는 외모지만, 노래하는 순간 "와우~" 소리가 절로 나게 한다. 외모와 전혀 다른 창법, 톤이기 때문이다.

그의 얼굴을 모르는 사람이 노래만 듣는다면 쩌렁쩌렁 울려대는 파워풀 창법, 선이 굵고 폭넓은 비브라토와 특유의 투박한 톤의 매력까지 남다른 중후함과 깊이에 '위풍당당한 풍채를 지닌 40대'라고 생각할 수 있다.

즐거움이나 재미를 불러일으키는 감정을 '흥(興)'이라고 한다. 흥은 음악에서 가장 중요한 요소다. 음악가의 흥은 관객에게 흥미를 유발해 참여도를 높이게 한다.

이찬원의 모든 노래는 흥에서 시작된다. 모든 음악은 흥과 한에서 시작한다는 전제로 볼 때 이찬원은 바로 이 '흥'에서 만큼은 타의추종을 불허할 만큼 신명이 넘치는, 써도 써도 소모되지 않는 '흥의 아이콘' 배터리다.

이찬원의 시원한 고음, 남다른 흥을 접할 수 있는 대표적인 곡이 '미스터트롯1' 출전 때 부른 〈진또배기〉다.

'흐어어~어어'로 노래 도입부가 시작되는 순간 마스터(심사위원)들은 모두 놀라고 말았다. 박현빈은 "(이 한 곡으로 이미) 끝난 거 아냐?"라고 말할 정도였다. 노래에 취해 신명 난 가수 진성은 일어나 춤을 췄다. 그러자 장현정은 누를 건 누르고 즐기라고 했고, 이에 진성은 하트를 누르고 다시 춤을 추며 곡에 취했다. 결국 이찬원은 (최단기간) 올하트를 달성했다.

리듬 잘 타며 노래하고 강약 조절도 뛰어나다. 가창자 스스로 신명 나지 않은 상태라면 결코 이렇게 노래할 수 없다.

왜소한 외모에서 어찌 이리도 굵고 힘찬 보이스의 가창이 가능할까라고 의문이 들 만큼 〈진또배기〉는 이찬원의 특장점을 단적으로 보여주는 노래다.

이젠 이찬원을 대표하는 시그니처송처럼 된 〈시절인연〉은 보컬리스트로서 그의 특장점을 가장 명확하게 보여주는 사례다. 그의 여러 곡은 무엇하나 흠잡을 게 없을 만큼 높은 완성도의 가창 세계를 들려준다. 많은 곡 중에서 〈시절인연〉을 선별해 이찬원만의 발성 특장점을 분석해 본다.

MBC 드라마 '꼰대인턴' OST로 삽입된 〈시절연인〉에선 선이 굵고 폭넓은 이찬원식 비브라토를 접할 수 있다. 40대의 중후함마저 엿볼 수 있는 가창이다. 반면 싱글 〈참 좋은 날〉은 이전과 달리 부드럽고 예쁜 톤으로 노래했다.

〈시절인연〉에서 이찬원은 〈진또배기〉와는 전혀 다른 창법을 구사한다. 발라드의 애절함과 팝의 느낌을 트로트 감성으로 잘 녹여내고 있는 것이다. 발성적으로 볼 때 〈시절인연〉은 이찬원의 온갖 테크닉과 감성이 녹아있는 것이기도 하다.

소리를 낼 때 전체적으로 목을 매우 넓게 사용하는

것도 이찬원에게서 볼 수 있는 남다른 특징이다.

노래가 시작될 때부터 이찬원의 역량이 눈에 띈다.

"사람이 떠나간다고"라는 가사에서 '간다고'의 '다~고
~'를 슬러(Slur)로 부드럽게 처리하며 음정을 올리고 있다.
슬러는 음과 음 사이를 끊어지지 않게 이어서 연주하라는
것으로 슬라이드(Slide), 글리산도(Glissando) 등과 비슷한
음악 용어다. 이러한 슬러/글리산도 기술은 노래할 때 꼭
필요한 것으로, 더 자연스러운 음정 변화 연출에 필수적이
다. 노래 고수일수록 이러한 기교를 잘 사용하며 감정선을
더욱 디테일 있게 표현한다.

"그대여 울지 마세요"에서 '그대여'의 '여~~'도 두성 발
성을 통해 글리산도로 음을 올리고 있다. 이 부분에선 소
리를 강하게 내는 게 일반적이지만 이찬원은 오히려 감정
을 안으로 삭이듯 힘을 줄이며 감정을 연출하는 면이 주목
된다. 강하게 내지르는 것보다 이렇게 액센트를 한번 줄이

는 방식으로 노래하는 게 더 힘든 법이다. 어릴 때부터 노래를 참 많이 불러본 가수라는 걸 알 수 있게 한다.

또한, '울지 마세요'의 '마~' 부분은 이찬원 특유의 강한 톤이 매력적으로 빛을 발하는 구간이다. 이러한 발성은 여러 트로트에서 들을 수 있는 방식이지만 이찬원의 톤은 특히 더 남다르다. 자칫 소리가 깊게 들어가면 구태의연한 '뻔한' 트로트 창법이 될 수 있는 걸 그는 순간적으로 깔끔하지만, 빛처럼 빠르고 강렬한 느낌으로 세련된 오버톤을 구사하고 있다. 이어 '~세요'까지 고도의 꺾기 기술이 다채롭게 발휘되고 있다.

"오고 감 때가 있으니" 가사 부분에선 이찬원의 좋은 리듬감, 즉 밀고 당기며 곡에 착착 달라붙는 소리 구사에 주목하게 된다. 정통 트로트 패턴으로 흐를 수 있는 톤에서 살짝 비껴가며 세련된 연출을 하고 있다. 이런 점에서 이찬원은 전통(트로트)에 발을 딛고 있지만 한편으론 트렌디한 젊은 감성도 상황에 따라 비중 있게 받아들이고 있다는 걸 알 수 있다. 전통 트로트 발성에 기초하고 있으면서도 어떠한 클리셰도 자연스럽게 거부하는 영민함이 엿보인다.

"좋았던 날 생각을 하고"의 '좋았던 날~~'에선 비강 공명을 통해 소리를 멋스럽게 띄우고 있다. 비강 공명은 코 안쪽 공간을 울려서 내는 기술로, 다채롭고 풍부한 음색 연출을 위한 중요한 발성법 중 하나다. 이것은 발성법 중에서도 높은 수준의 기술로 이 부분 또한 이찬원이 얼마나 많은 연습과 세련된 감각의 소유자인지 알 수 있게 한다. 이런 구간은 노래 연습을 많이 하다 보면 자신도 모르게 어느 순간 열리는 차원이기도 하지만 이찬원의 경우 좀 더 남다른 '흥'이 느껴진다는 점에서 더욱 주목된다.

"아아아 살아가야지"의 '아아아'에선 '하아아~' 같은 소리로 좀 더 가슴에서 울리는 듯한 진정성 있고 힘찬 발성, 즉 호흡을 많이 넣어 소리를 구사하고 있다. 따라서 더욱 짙은 감정선을 연출하고 있는 것이다. 호흡을 많이 사용하는 이러한 방식은 발라드 가수들에서 자주 볼 수 있는 것이지만 이 곡에선 좀 다른 패턴으로 듣는 이의 감동 포인트를 순간적으로 강하게 자극하고 있다.

"바람처럼 물처럼"의 '물~' '처~' '럼' 등에서도 강하게 임팩트를 주는 표현을 들을 수 있다. 소리를 밀면서 음이 끊어지지 않게 음 길이를 그대로 유지하는 고급 기술을 자연스럽게 구사하고 있는 것이다.

"가는 인연 잡지를 말고"에서 '가는'의 '가'의 톤을 뒤집듯 연출하며 더욱 설득력 있게 연출하는 것도 주목된다. 이 또한 트로트스러운, 정석적인 트로트 발성이지만 여기에 이찬원식 감성이 첨가되며 새로운 맛으로 다가온다. 이찬원과 작업한 많은 관계자가 필자에게 "하나를 말하면 열까지 염두에 둘만큼 센스가 남다르다"는 말을 했는데, 이러한 소리 구사도 그중 하나인 셈이다.

"오는 인연 막지 마세요"에서 '오는'의 '오'와 '인연'의 '인'도 앞의 '가는 인연'의 '가'와 같은 방식의 뒤집는 듯한

톤 연출 방식, 다시 말해 '트로트스러운' 좋은 레시피의 일
환이다.

　"때가 되면 찾아올 거야"의 '때가 되면'에서도 이찬원의
멋스럽고 운치 있게 소리를 당기는 역량이 눈에 띈다.

　1절의 마지막 가사인 "새로운 시절인연"에서 '새로운'부
터 배에서 우러나오는 힘찬 소리를 구사해 '시절인연~'으
로 이어지며 강렬하고 파워풀하게 마무리한다.

　'시절인연'의 '연~~'에서 느린 듯하지만, 인상적인 파
워 비브라토를 구사하며 1절이 끝나고 간주가 나오는 동
안에도 오랫동안 여운을 남기게 한다. 비브라토, 또는 바
이브레이션이 싫어 트로트를 듣지 않는 사람도 있다. 그만
큼 비브라토 기법은 트로트 가수들이 가장 흔하게 사용하
는 기술이며, 심지어는 잠깐만 들어도 "아 트로트구나"라
고 알 수 있게 할 만큼 해당 장르를 특징짓는 것이기도 하
다. 속된 말로 "네 노래는 너무 아저씨스럽다"란 반응을 보

이는 것 중 하나도 결국 바로 이런 비브라토 때문이다. 그러나 이찬원은 이 엔딩 부분에서 트로트다운 깊고 풍부한 감정을 연출하면서도 식상하지 않은 비브라토를 길게 구사하고 있는 것이다. 더 이상 말이 필요 없다고 할 수밖에.

이처럼 〈시절인연〉은 '좋은 곡'과 '좋은 가수'라는 이상적인 궁합이 만들어 낸 '완벽 케미'의 명연이다.

'전국노래자랑'과
남다른 인연

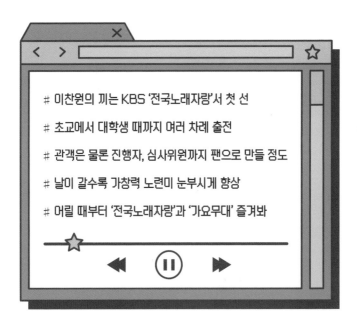

이찬원의 끼는 KBS '전국노래자랑'서 첫 선

초교에서 대학생 때까지 여러 차례 출전

관객은 물론 진행자, 심사위원까지 팬으로 만들 정도

날이 갈수록 가창력 노련미 눈부시게 향상

어릴 때부터 '전국노래자랑'과 '가요무대' 즐겨봐

태어날 때부터 트로트 가수라고 해도 과언이 아닌 이찬원은 '전국노래자랑'과 깊은 관련이 있다.

'전국노래자랑'은 KBS 1TV가 지난 1980년 11월 9일 첫 방송 이래 현재까지 계속되고 있는 명실상부 국내 최장수 프로그램이다. 일반인을 대상으로 하는 노래자랑 성격의 프로그램으로, 매주 일요일 낮 12시 10분부터 오후 1시 30분까지 방송하고 있다.

'전국노래자랑'은 40년 넘게 이어지며 '위키리(Wicky Lee)'란 예명으로 잘 알려진 가수 겸 배우 이한필 초대 MC를 필두로 '뽀빠이' 이상용, 아나운서 최선규, 송해, 김신영, 남희석에 이르기까지 여러 진행자가 함께했다. 그중 송해는 '전국노래자랑'을 남녀노소 불문 오늘날의 인기 프로그램으로 견인한 장본인이다.

박상철, 송가인, 임영웅, 송소희, 안성훈, 정동원, 승희(오마이걸), 박서진, 신성 등 많은 가수가 무명 시절, 이 프로그램에 출연해 '역주행' 화제를 모으기도 했다. 그만큼 '전국노래자랑'은 스타 등용문으로서도 중요한 역할을 해오고 있는 것이다.

이찬원은 선원초등학교 6학년 때인 2008년 8월 KBS TV '전국노래자랑' 대구광역시 중구 편에 출연했다. 진행자 송해가 청중에게 인사하라고 하자 이찬원은 마치 웅변하듯 큰 소리로 "학교 무대는 좁다, 트로트에 살고 트로트에 죽는 이찬원입니다"라고 자신을 소개했다. 이에 송해는 "당당하다"며 "대구, 특히 중구는 인물의 고장"이라고 놀라워했고 이찬원은 억센 경상도 사투리로 "억수로 고맙심다"라고 씩씩하게 대답했다.

송해는 "이름이 뭐라켔노"라며 다시 물었고 이찬원이라고 답하자 "이찬원 이찬원" 하며 계속 이름을 되뇌며 무언가를 생각했다. 이를 본 이찬원은 "뭐가 생각났습니까?"라고 물었고 송해는 "원 없이 찬란하게 비치겠단다"라고 이찬원 이름의 뜻풀이를 했다. 이찬원은 "아이고 고맙심다"라며 "내 이름에 이리 좋은 뜻이 들어가 있는 줄 몰랐심다"라고 짙은 사투리 섞인 목소리로 기뻐했다.

이날 경연에서 이찬원은 한혜진의 〈너는 내 남자〉를 노래해 우수상을 받았다. 당시 12세의 초등학생이었음에도 감성과 표현력이 남다르다는 걸 세상에 처음 보여준 무대였다.

음악의 여러 장르가 그렇지만 특히 트로트는 삶의 경험이 많을수록 그 깊이와 음악적 성취를 더 할 수 있는 장르다. 트로트를 가리켜 가사를 강조하는 음악이라고 하는 이유도 삶의 온갖 희로애락을 3~4분이란 짧은 분량에 가장 대중적 어법으로 담아내기 때문이다. 〈너는 내 남자〉는 사랑과 연인이 테마다. 초등학생이 원곡의 이러한 감성까지 살린다는 건 무척 힘들다. 예를 들어 이 곡의 가사 중 이런 같은 표현이 대표적이다.

"너를 의식 못 한 내 방식대로 사랑한 탓으로
왠지 너를 놓칠 것 같은 예감 때문에"

그럼에도 이 초등학생은 이 곡을 그 나이에 맞게 살짝 개구쟁이 같은 천진함, 그러나 무척 설득력 있게 완창했다.

〈너는 내 남자〉반주가 시작되는 순간 이찬원은 관객을 향해 큰소리로 "자! 다 같이 빠르기로 박수"라고 하고 "다 같이 춤추세요"라고 외치며 분위기를 유도했다. 그리곤 춤추며 노래를 시작하는 데 긴장이라곤 전혀 찾아볼 수 없이 흥겹게 무대를 꾸몄다. 이미 이때부터 '준비된 예능감'을 보여주었다.

어린 찬원은 오른손으로 마이크를 잡고 왼손으로는 곡에 맞게 여러 추임새를 하며 요소마다 소리에 어택을 주는 방식으로 두 겹 세 겹 흥을 더해주었다. 몸을 왼쪽 오른쪽으로 비틀거나 왼손을 가슴에 대다가 크게 벌리는 동작 등 다채로운 추임새로 자신이 강조하고 싶은 지점을 효과적으로 보여주는 내공도 설득력 있다.

초등학생에게 어떻게 이보다 더한 무대를 바랄 수 있을까. 더욱이 인생을 녹여낸다는 트로트인데.

이 첫 무대로 어린 찬원은 스테이지(쇼맨십)와 가창이란 두 마리 토끼를 확실하게 잡는 면모를 보여준 것이다.

2008년 12월 전국노래자랑 연말 결선에서도 한혜진의 곡을 골랐다. 이찬원은 〈정말 진짜로〉를 불러 인기상을 받았다. 이찬원은 "다 같이 박수, 크게"라며 흥을 유도하는 방식으로 노래를 시작하는데, 마치 몇 개월 전 〈너는 내 남자〉를 부를 때와 비슷했다. 씩씩하게 완창하고 있는 모습은 여전하다.

그러나 한혜진의 많은 곡이 그렇듯, 이 곡 또한 가창자의 감정 연출이 포인트 중 하나다. 한혜진은 밀고 당기는 특유의 트로트 기술을 노련하게 구사하며 단어마다 뉘앙스를 달리해 표현하고 있지만 이찬원은 감정의 기복이 거의 없이 씩씩하고 힘차게 노래하고 있는 게 아쉬움으로 다가온다.

〈정말 진짜로〉에서 원곡 가수 한혜진은 "내 마음을 떠보려 한다면"에서 '떠보려 한다면'을 전체적으로 빠른 템포로 이어가듯 부르지만 잘 들어보면 '떠보려'에서 '떠'와 '보려' 사이의 소리 틈을 두는 방식으로 노래하고 있다. 이미묘한 틈은 마음을 '떠본다'의 '떠'라는 의미를 노랫말에서 좀 더 강조하기 위함이다. 하지만 이찬원은 "내 마음을 떠보려 한다면"에서 '떠보려'를 빠른 속도로 이어 붙여 노래했다. 미묘한 듯하지만, 매우 다른 표현방식이다. 자칫 '떠'가 지닌, 다시 말해 노래에서 말하고자 하는 떠본다는 의미를 강조하지 않고 넘어가는 듯한. 전체적으로 초등학생이 완벽하게 소화하기엔 감정의 뉘앙스가 매우 어려운 곡이다. 이러한 몇몇 감정 연출의 아쉬움이 남는 곡 선정이었지만 전체적으로 이찬원이란 초등학생의 넘치는 끼를 전국에 알리기엔 충분한 시간이었다.

이후 대구 경원고등학교 2학년에 재학 중이던 2013년 10월 대구광역시 서구 편에 출전해 〈진또배기〉로 인기상을 받았다. 이때 이찬원 나이 18세였다. 5년 전 이 무대에서 〈너는 내 남자〉를 부를 때보다 감성과 표현력 등 모든 면에서 진일보한 열창이었다. 이 책을 쓰기 위해 예전 영상을 보며 필자는 〈진또배기〉야말로 이찬원을 위한 맞춤옷 같은 노래라는 생각이 들었다. 그만큼 이 곡은 이찬원

과 궁합이 가장 잘 맞는 노래 중 하나다. 이 무대에서 보여
준 〈진또배기〉는 향후 이찬원 음악 스타일의 반 이상을 선
보였다고 해도 좋을 만큼 뜻깊은 시간이기도 하다.

2019년 2월 전국노래자랑 경북 상주 편에 출전해 유지
나의 〈미운 사내〉로 최우수상을 받았다. 가수로서 데뷔는
하지 않았지만 이미 이찬원표의 많은 부분을 보여준 기념
비적인 무대랄 수 있다. 당시 24세로 영남대학교 경제학
과에 재학 중이던 그의 노래가 끝나자 심사위원은 물론 관
객들까지 환호성이 대단했다. 노래를 마치고 나오는 이찬
원에게 송해 또한 "초대 가수 나온 거 보다 박수를 더 받았
다"며 칭찬을 아끼지 않았다.

나훈아 작사 정경천 작곡·편곡의 〈미운 사내〉는 국악
을 전공한 유지나의 파워와 감성을 유감없이 접할 수 있는
곡이다. 그런 만큼 그 맛을 제대로 살리는 게 쉽지 않다. 그
런데 이찬원은 '전국노래자랑'에서 이 곡을 마치 자신의 곡
인 것처럼 자연스럽게 소화했다. 어떠한 어색함도 볼 수

없는 '꺾기' 기술은 물론 힘을 주는 지점에선 정확하게 파워 보컬을 구사하고 있다. 현재 이찬원 발성의 특장점 중 하나인 파워풀하고 넓은 레인지의 비브라토(바이브레이션)가 이미 이 곡을 부를 때 잘 나타나고 있다. 무엇보다도 이 무대에서 이찬원은 흥이 넘치는 가창을 들려준다. 음악에서 가장 중요한 '흥', 바로 이걸 많이 보유하고 있는 스타 탄생의 예견된 무대였다.

노래를 마친 이찬원은 송해에게 "집에서 TV 프로그램을 보는 게 딱 2개"라며 "하나는 '전국노래자랑', 또 하나는 '가요무대'"라고 말했다. 그러자 송해는 실력이 얼마나 대단한지 알 수 있도록 몇 곡을 불러 달라고 했고 이찬원은 남인수의 〈청춘고백〉, 현인 〈꿈속의 사랑〉, 그리고 고복수의 〈짝사랑〉 등을 노래했다. 〈꿈속의 사랑〉이 끝나자 송해는 "현인 선생 특색이 아니고 아주 '진' 우리 풍의 가요 꺾기를 한다"며 "노래라는 건 내 마음대로 부르는 게 일등"이라고 칭찬을 아끼지 않았다.

이처럼 KBS 1TV '전국노래자랑'은 이찬원을 처음 알렸고, 프로페셔널 가수로 성장하는 데 초석을 다졌다는 점에서 의미가 크다.

이찬원이란 스타 탄생 알린
'미스터트롯'

\# '미스터트롯' 3위 미(美) 수상

\# 여러 곡 부르며 시청자에게 깊은 인상 줘

\# 좋은 성적 거두기 위해 본인도 고군분투

\# 무려 14kg이나 살 빠져

\# 가수로서 탄탄대로 된 계기

이찬원은 2020년 TV조선 '미스터트롯1'에 일반인 대학생으로 참가해 임영웅(진), 영탁(선)에 이어 3위, 즉 미(美)에 올랐다. 이 프로그램에서 이찬원은 〈진또배기〉, 〈울긴왜 울어〉, 〈잃어버린 30년〉 등 여러 곡을 부르며 시청자에게 깊은 인상을 남겼다.

2020년 3월 12일 오후 방송된 TV조선 '미스터트롯'에
선 TOP 7인 장민호, 김희재, 김호중, 정동원, 영탁, 이찬
원, 임영웅이 결승전을 펼쳤다. 이찬원은 이루의 〈딱!풀〉
을 불렀는데, 마스터 조영수 작곡가는 "신곡을 발표할 땐
보컬이 끌려갈 수밖에 없다. 이찬원의 큰 매력은 목소리가
반주를 끌고 간다"며 "(그래서) 목소리에 빠지게 되고 이런
것들이 정말 큰 장점"이라고 극찬했다.

조영수는 2020년 4월 6일 '헤럴드경제'와의 인터뷰에서
도 "이찬원은 에너지가 너무 좋다, 손짓 하나, 손가락 하나
하나를 보면, 그 나이에 나올 수 없는 걸 연마해 통달시켰
다"며 "투박한데, 섬세함을 갖추고 있다…탄탄한 개인기
까지 갖추고 있다. 다른 출연자들에 비해 기복도 없을 것
같다. 컨디션의 영향을 덜 받는다. 자기 색깔이 확실하다.
보는 사람이 불안하지 않다는 것도 이찬원의 장점"이라고
말했다.

'미스터트롯1' 프로그램 하우스밴드 드러머였던 장혁은 필자에게 이렇게 말했다.

"출연자들 반주를 하면서 눈에 들어오는 인물이 몇몇 있었어요. 임영웅과 이찬원이었습니다. 반주자의 한 사람으로서 TOP10에 오른 출전자들이 연습하는 것도 자세히 볼 수 있었는데, 임영웅은 처음부터 톤이 달랐어요. 그리고 이찬원이 노래하는 걸 보며 무척 매력적이라고 느꼈어요. 곡 표현력은 물론 흥도 남달랐기 때문입니다. 제가 점찍은 사람들이 모두 좋은 결과를 얻어 개인적으로도 기뻤습니다."

좋은 성적을 거두기 위해 이찬원이 얼마나 고군분투했는지 잘 알 수 있는 예가 있다.

2024년 3월 6일 오후 8시40분 방영된 티캐스트 E채널 '한 끗 차이'에서 이찬원은 "오디션 프로그램 서바이벌 당시 너무 고생해서 몸무게가 14kg이 빠졌다"고 당시 얼마나 힘든 시간이었나 밝혔다. 또한 "'미스터트롯'을 할 때 당장 밥 먹을 돈과 연습실 빌릴 돈이 없어서 태어나 처음으로 어머니에게 200만 원을 빌렸다. (후일) 내가 진짜 잘돼서 엄마한테 빌린 200만 원을 2000만 원, 2억, 20억, 2000억으로 갚겠단 생각을 늘 했다"고 말했다.

2024년 8월 13일 방송된 KBS 2TV 예능 '하이엔드 소금쟁이'에서 이찬원은 "'미스터트롯' 이후에 (제가) 돈을 많이 벌었을 것이라고 생각해 '술 사라', '밥 사라', '네가 내야지'라고 말하는 사람들이 정말 많았다"며 당시 돈을 많이 벌었을 거라 주변에서 오해한 얘기를 밝히기도 했다.

어쨌든 '미스터트롯' 입상 후 이찬원은 탄탄대로를 걸었다.

좋은 품성,
반듯한 세계관

노래도 노래지만 인성 때문에 주변 반하게

작곡가까지 감동시켜 자신의 팬으로

욕심났던 곡 절친 위해 흔쾌히 양보·응원

선배에 대한 존경과 남다른 깍듯함

"전혀 단점이 없는 게 단점"

이찬원에겐 탁월한 노래 실력만큼 대중을 사로잡는 또
하나의 무기가 있다. 좋은 품성, 반듯한 세계관이 그것이
다. 좋은 가창력은 많은 연습으로 이룰 수 있는 영역이지
만 사람의 마음가짐 인성(품성)은 결코 연습으로 만들 수

없는 것이다. 실력보다 인성을 우선시하는 음악계에서 이러한 이찬원에게 끌리지 않을 수 없던 것이다.

이찬원의 첫 정규앨범 [ONE]을 총괄한 유명 작곡가 겸 그룹 '플라워' 리더 고성진은 필자에게 "노래 잘하는 것도 잘하는 거지만 (찬원이에게) 애정이 계속 생겼던 건 그의 인성 때문이다. 이찬원은 이게 너무 좋았다"고 말했다.

음악인들은 아무리 나이 차가 많이 나더라도 서로 친해지면 형 동생이란 호칭으로 부르는 게 일반적이다. 30~40년 넘게 나이 차가 나더라도 후배 음악인이 선배 음악인에게 "형님"으로 부르는 걸 심심찮게 볼 수 있다.

작곡가 고성진의 아들과 이찬원은 동갑이다. 이걸 알고 있었기 때문에 이찬원은 편한 자리에서도 고성진 음악감독을 결코 '형님'이라 부를 수 없었다.

스튜디오에서 정규앨범 [ONE] 작업이 끝난 이찬원은

작업실을 나가면서 고성진 감독에게 이렇게 말했다. "들어가 보겠습니다. 서울 아버지!"

'서울 아버지'란 말을 듣는 순간 고성진 감독은 감동해 울컥했다고 필자에게 밝혔다.

'미스터트롯' 이후 유명세를 타기 시작한 이찬원은 본격적인 음악 활동을 위해 홀로 서울로 왔다. 살인적인 스케줄을 소화하는 와중에도 연습을 게을리하지 않았고 더욱 음악에 충실하려고 했다. 그러다 보니 몸은 피곤할 수밖에 없었다. 태어나 처음으로 부모와 떨어져 객지 생활을 하면서 외로움도 타기 시작했다. 이러한 걸 잘 알고 있는 고성진 감독은 이찬원의 '서울 아버지'라는 말이 더욱 가슴에 와닿을 수밖에 없었다. 그만큼 자신을 제2의 아버지로 믿고 따른다는 것이기 때문이다.

폭발적인 인기를 얻으며 방송 활동도 많아졌다. 첫 정규 앨범 [ONE]을 작업하며 고성진 감독이 우려했던 부분도 바로 이것이다.

　노래는 과학적 발성을 통해 나오는 것이라 많이 불러도 목에 무리를 주는 경우는 드물다. 그러나 방송에 나가 말을 많이 한다는 건 보컬 발성과는 다른 차원이다. 고성진 감독은 정규앨범을 작업하며 항상 이찬원의 목 컨디션을 염려하지 않을 수 없던 것이다.

　이찬원은 방송 출연을 자주 하며 말을 많이 했기 때문에 목이 쉴 때도 적지 않았다. 고성진 감독에겐 이 점이 항상 아쉬웠다. 그래서 이찬원의 컨디션에 최대한 맞춰가며 좀 더 좋은 소리가 나올 수 있는 방법을 찾으려 했다. 조금이라도 편하게 노래할 수 있도록 모든 작업 진행을 이찬원을 중심으로 맞췄다. 워낙 천성이 착한 이찬원 또한 고성진 감독에게 깍듯했다. 이처럼 서로를 존중하고 배려하는 마음으로 짙은 인간애에 기초해서 만들어 진 게 바로 정규앨범 [ONE]이다.

두 사람은 앨범 작업이 끝난 후에도 종종 만났다.

고성진 감독의 어머니가 타계했을 때에도 이찬원이 장례식장을 찾았다. 이찬원은 고 감독의 아들을 보곤 "저기 아들이 있네요. 저는 가짜 아들이고…"라는 농담으로 힘들어하는 고성진 감독을 잠시나마 웃게 하기도 했다.

"바쁜 와중에도 장례식장에 온 찬원이에게 너무 고마웠습니다. 이찬원의 인성이 너무 훌륭하다 보니 계속 끌리게 되는 건 어쩔 수 없더군요."

고성진 감독은 이찬원 팬클럽까지 가입했다. 자신이 '플라워'라는 인기 그룹의 리더이자 유명 작곡가임에도 다른 가수의 팬클럽에 가입한 건 이찬원이 처음이라고 했다.

고성진 감독은 이렇게 말했다.

"팬클럽에 가입한다는 게 무슨 의미가 있겠냐만 개인적으론 너무 착하고 인성 좋은 찬원이가 너무 좋으니 그의 정보, 일거수일투족을 알고 싶었어요. 그래서 가입했던 것이죠. 암튼 찬원이 때문에 생전 안 해보던 팬클럽 가입까지 해봤습니다. (웃음)"

〈가야 한다면〉을 부른 황윤성은 이찬원의 '절친'이다. 〈가야 한다면〉은 마아성과 전홍민 구성의 작곡팀 마벤져스가 작사·작곡했다. 전홍민 작곡가에 의하면 이찬원이 이 곡을 너무 마음에 들어해 부르고 싶어했다고 한다. 자기가 너무 부르고 싶었지만 황윤성이 워낙 친한 친구이기 때문에 양보를 했다고.

여기에서 한걸음 더 나아가 이찬원은 이 곡이 발매될 때 자신의 인스타그램에 "제가 정말 사랑하고 좋아하는 제 친구 황윤성의 따근 따근한 신곡 〈가야 한다면〉이 오늘 오후 12시에 발매되었습니다. 노래 정말 좋아요! 많이 들어주시고 열렬히 응원해 주세요! 윤성아! 사랑해"라는 응원의 글을 남기기도 했다. 이찬원의 착한 품성을 엿볼 수 있는 일화다.

조성모 〈다짐〉, 백지영 〈사랑 안 해〉, 장윤정 〈어머나〉, 송대관 〈네박자〉, 보아 〈넘버원〉, 소녀시대 〈소원을 말해봐〉, 나훈아 〈테스형〉 등 셀 수 없이 많은 히트곡 코러스 세션은 물론 이승철, S.E.S., 핑클, 카라, 심지언 '세일러문', '아따아따', '플란다스의 개' 등 많은 애니메이션 주제가까지 불러 전국민이 다 아는 '국민 코러스' 김현아(홍익대 실용음악 교수)는 필자에게 이찬원의 착한 품성을 알 수 있는 일화를 말해줬다.

김현아 교수는 〈시절인연〉을 녹음할 때 이찬원을 처음 만났다. 그런데 이찬원은 자신의 녹음작업이 끝났음에도 김현아를 만나기 위해 스튜디오에서 적지 않은 시간동안 김현아를 기다렸다고 한다. 가수가 세션 연주자를 기다리는 경우는 전례를 찾기 힘들 만큼 이례적이다. 세션이란 작업 자체가 특정 가수의 노래를 반주하는 것이므로 가수의 얼굴 한번 보지 못하고 스튜디오에서 악보를 보며 연주하고 스튜디오를 나오는 게 다반사다. 세션 연주자들은 가수보다 주로 작곡가나 편곡자와 소통하는 경우가 많다.

〈시절인연〉 코러스 세션을 위해 김현아가 스튜디오에 도착하자 이찬원은 깍듯하게 인사하며 "영탁형, 민호형 등으로부터 말씀을 너무 많이 들어서 꼭 뵙고 인사드리려고 기다렸다"고 말했다. 이미 유명해진 가수 이찬원임에도 선배에 대한 존경과 예의바름을 잘 알 수 있는 대목이다.

2023년 2월 13일 방송된 JTBC '톡파원 25시'에서 이연복 셰프는 "MC 이찬원은 단점이 없는 것이 단점"이라며 "회식비까지 대신 결제해줬다"고 말했다. 이연복 셰프는 "바빠서 다른 프로그램 회식할 때 계속 빠졌다. 그날은 미안해서 '오늘은 내가 쏜다' 하고 비싼 곳에서 스태프들을 대접했다. 그런데 찬원이가 '내일 공연이 있어서 먼저 가보겠다'고 했고, 회식 끝나고 계산하러 갔더니 찬원이 이미 회식비를 결제했다"고 말했다. 이에 대해 이찬원은 "회식날이 (이연복) 선생님 생신이어서 작은 선물이라도 될까 싶어서 결제했다"고 말했다.

2023년 5월 5일 방송된 KBS2 '신상출시 편스토랑'에서 이찬원은 차예련의 드라마 촬영장에 커피차를 3대나 보내준 내용이 공개돼 화제를 모으기도 했다.

2024년 스승의 날에 이찬원은 자신이 졸업한 대구광역시 달서구 경원고에 정성스럽게 준비한 24개의 꽃바구니를 보내기도 했다.

이외에도 겸손과 착한 품성, 상대에 대한 깊은 배려 등 온갖 덕목을 두루 갖춘 이찬원의 훈훈한 스토리는 수없이 많다.

다방면 맹활약 '재간둥이',
무한 능력자

＃ 상품으로 출시될 만큼 요리솜씨 탁월

＃ 스포츠 중계서도 재능 발휘

＃ 각종 예능프로그램서 재치 순발력의 입담

＃ 다방면 지식도 각종 토크서 한몫

＃ 이젠 진행자로서 리드하는 노련미까지

이찬원의 순발력과 입담은 몇몇 예능 프로그램에서도 빛을 발했다. KBS '신상출시 편스토랑'이 대표적이다. 그는 이 프로그램에서 각종 주목할만한 요리 실력과 입담을 보여주며 인기를 끌었다.

이 프로그램에서 이찬원이 보여준 레시피는 이후 상품으로 유통돼 좋은 반응을 얻기도 했다. GS리테일이 운영하는 편의점 GS25는 2022년 5월부터 이 프로그램과 손잡고 출시한 우승 메뉴 31종의 누적 매출이 지난 1월 말 기준 500억 원을 넘어섰다고 2024년 2월 6일 밝혔다. 특히 '찬또떡갈비치즈버거' 등 이찬원 출연자의 우승 메뉴 7종은 누적 1500만 개가량 팔리며 가장 높은 매출을 기록한 시리즈로 자리했다. '이찬원의 진또배기맵싹갈비'는 1년 3개월 동안 600만 개 이상을 팔아치웠다.

2024년 5월 1일 잠실야구장에서 2024 신한 SOL Bank KBO리그의 삼성 라이온즈와 두산 베어스 경기가 열렸다. 이찬원은 6회 초 중계석에 깜짝 등장했다. 현장 중계를 맡은 MBC SPORTS+ 정병문 캐스터와 이상훈 해설위원은 이찬원을 중계석으로 초대했고, 이찬원이 이에 응한 것이다.

정병문 캐스터는 "3년 전보다 업그레이드된 것 같다"며 "거의 캐스터 2명과 해설 1명, 혹은 캐스터 1명과 해설 2명을 넘나들고 있다"고 이찬원의 중계 실력을 극찬했다. 이찬원은 2020년 10월 삼성 라이온즈와 SK 와이번스(현 SSG 랜더스) 경기에서 MBC SPORTS+ 특별해설위원으로 출연해 캐스터 정병문, 양준혁 해설위원과 중계 호흡을 맞추기도 했다. 2022년, 2023년 양준혁 야구재단에서 개최하는 '희망 더하기 자선 야구 대회' 해설위원을 맡기도 했다.

경기 오산시는 20204년 3월 19일 시청 상황실에서 이찬원을 오산시 홍보대사로 위촉했다. 이날 위촉식엔 안성훈 팬클럽 '후니애니' 서연희 회장을 비롯한 회원 50여 명이 함께 했다.

2024년 3월 27일 서울 경희대학교 평화의전당에서 열린 '2024 유니버설 슈퍼스타 어워즈'에서 이찬원은 유니버설 트로트 아이콘, 유니버설 베스트 파퓰러리티(남), KM 차트 TOP6 베스트 핫초이스(남) 등 3개 부문을 수상했다. 또한 이찬원은 시상식 MC까지 맡아 다방면 재간둥이로서의 면모를 유감없이 보였다.

JTBC '안방판사', SBS '과몰입 인생사'에서도 남다른 진행 솜씨를 보였고 최근 KBS2 경제 예능 '하이엔드 소금쟁이'에선 메인 MC로도 활약했다.

2024년 6월 25일 방송된 KBS 2TV 예능 '하이엔드 소금쟁이'에선 자녀의 경제교육 고민 해결에 나선 짠벤져스 MC군단 이찬원, 양세형, 양세찬, 조현아와 김경필 머니트레이너의 맹활약이 펼쳐졌다. 이날 방송에선 중학교 3학년, 초등학교 4학년 두 아들의 용돈 관리를 어떻게 해야 하는지를 두고 고민하는 의뢰인의 사연이 소개됐고 이찬원은 "자본주의 사회에선 국·영·수보다 더 중요한 게 경제 공부"라고 강조했다. 이어서 이찬원은 10만 원 용돈을 받으면 절반은 쓰고 절반은 저금하도록 하는 의뢰인의 자녀 용돈 관리법을 듣고 "세계적인 부호 록펠러 가문과 똑같다"라며 감탄했다. 경제학도로서의 지식을 자연스럽게 방송 프로그램에 녹여내는 이찬원의 순발력을 엿볼 수 있는 좋은 예다.

광고모델 선호
1순위

최고의 인기 가수에 흠잡을 데 없는 인성까지

많은 기업서 광고 러브콜 쇄도

'정관장 굿베이스'를 시작으로

주류, 음식, 뷰티, 패션까지 다양

향후 오랫동안 광고계 블루칩으로 자리

이찬원의 뛰어난 음악성과 티끌 하나 없는 착한 인간성은 많은 기업들의 광고모델 러브콜 1순위로 자리하게 했다. 2020년부터 4년이란 짧은 시간 동안 이찬원은 중견 스타 부럽지 않은 많은 광고 활동을 하고 있다.

각 기업이 보도자료를 배포한 날짜를 기준으로 그간 이찬원이 광고모델로 활약한 내용을 정리하면 다음과 같다.

이찬원의 생애 첫 광고 모델은 한국인삼공사의 정관장 굿베이스다. 이찬원은 2020년 4월 14일 SNS에 "오늘은 정관장 광고 촬영하는 날~~~!! 제가 살다 살다 정관장 광고를 다 찍다니요...!! 오늘은 저에게 너무나도 영광스럽고 감사한 하루입니다"라는 글을 올렸다.

팸텍코스메틱 웰더마는 이찬원을 전속모델로 전격 발탁했다고 2020년 4월 3일 밝혔다. 웰더마 관계자는 "트로트에 대한 열정을 바탕으로 팬들의 애정을 이끌어낸 이찬원의 도전정신이 브랜드와 부합"해 모델로 발탁하게 됐다고 밝혔다. 웰더마는 공식 자사몰의 올해 1~4월 매출이 전년 동기대비 무려 50배나 증가했다고 2020년 5월 21일 전했다.

웰더마는 일명 '이찬원 마스크팩'으로 사랑받고 있는

'프리미엄 콜라겐 마스크'가 홈쇼핑 방송서 5연속 매진을 이뤄냈다고 2021년 3월 11일 밝혔다.

미스터피자는 30주년을 맞아 2020년 7월 16일 신제품 '미스터트리오'를 선보였다. '미스터트리오'는 역대 프리미엄 피자 중 가장 사랑받았던 메뉴 3종을 한 번에 즐길 수 있게 한 것으로 이름에서도 알 수 있듯이 장민호, 영탁, 이찬원을 신제품 모델로 내세웠다.

황칠막걸리는 2020년 9월 10일 경기도 인근에서 이찬원과 광고 촬영을 했다고 11일 밝혔다.

이찬원은 세계적인 유산균 명가 크리스찬 한센(CHR. HANSEN)이 제조한 국내 최초 캡슐 수입완제품 스트롱바이오틱스의 모델로 선정됐다. 이찬원은 2020년 9월 17일 영상과 지면 광고 촬영을 마쳤다. 스트롱바이오틱스 관계자는 "밝고 건강한 모습과 친근한 매력으로 전 연령층에서 사랑 받는 이찬원의 이미지가 엄선된 4종 균주를 조화롭게 배합한 온가족 유산균 스트롱바이오틱스와 잘 부합해 모델로 선정하게 됐다"고 전했다.

탈모 샴푸 브랜드 어헤즈는 신규 모델로 트로트 가수 이찬원을 발탁했다고 2020년 10월 26일 밝혔다. 어헤즈 관계자는 "맑고 긍정적인 이미지를 가진 가수 이찬원이 자사의 브랜드 방향성을 표현하기에 제격이라 이번 모델로 발탁하게 됐다"고 선정 이유를 밝혔다.

치킨더홈은 2021년 4월 자사 유튜브 채널에 이찬원과 CF 촬영 영상 및 인터뷰를 게재했다. 회사 관계자는 "젊고 밝은 분위기와 특유의 트로트 실력으로 짧은 시간 안에 대중적인 인기를 얻고 있는 이찬원이 치킨더홈이라는 맛과 퀄리티가 높은 브랜드의 경쟁력과 잘 어우러져 파급력 높은 홍보 효과를 기대케 한다"고 말했다.

건강기능식품업체 비케이 인터내셔널은 '라이코마토' 의 새 얼굴로 이찬원을 낙점했다고 2021년 6월 25일 밝했다.

2021년 9월 13일 블리스엔터테인먼트에 따르면 이찬원은 싱글 〈편의점〉의 인기에 힘입어 GS25 공식 모델로 발탁됐다. 소속사 측은 "이찬원의 진정성 있고 친근한 이미지와 10대부터 50대 이상까지 모든 세대를 아우르는 편의점의 편안한 이미지가 만나 긍정적인 시너지가 발휘될 것으로 기대된다"고 전했다.

2022년 5월 11일 DSV 샴푸는 이찬원과 전속 계약을 공식화하며 촬영장 인터뷰 영상을 유튜브 공식 채널에 올렸다.

뷰티 브랜드 '리브이셀'은 2022년 11월 4월 이찬원을 새 모델로 발탁했다. 브랜드 측은 "이찬원의 진정성과 순수함이 주는 이미지가 리브이셀 브랜드 방향성에 부합해 첫 광고모델로 함께 하게 됐다"고 선정 이유를 밝혔다. 4일 오전 7시 15분 롯데홈쇼핑에서 시작한 '비타 콜라겐 액티브 필름' 론칭 방송은 이찬원의 인기로 즉시 매진을 기록했다.

이찬원은 2023년을 시작하며 씨스팡 광고 모델로 선정, 1월 5일 씨스팡 공식 유튜브를 통해 '이찬원의 씨스팡 TV 광고 15초 CM송'과 '이찬원의 씨스팡 TV 광고 30초 CM송' 등을 공개했다. 앞서 씨스팡은 자사 인스타그램에 "2023년 이찬원님만의 매력을 어필할 수 있는 CM으로 탈바꿈했으니 많이 기대해 주세요"라는 글을 게재한 바 있다.

교원 웰스는 트로트 가수 이찬원과 전속 모델 계약을 체결하고 신규 온라인 캠페인 등 모델 공식 활동을 한다고 2023년 3월 27일 밝혔다. 회사 관계자는 "넓은 팬층을 보유하고 있는 이찬원을 통해 소비자층을 확대하고 브랜드 호감도를 높일 수 있을 것으로 기대한다"고 전했다.

세제 전문 브랜드 슈가버블이 이찬원을 모델로 발탁했다고 2023년 10월 16일 밝혔다. 슈가버블 관계자는 "깨끗하고 순수한 가수 이찬원의 이미지가 오랜 시간 소비자들의 사랑과 신뢰를 받아온 슈가에코의 친환경적 브랜드 가치와 부합해 모델로 선정하게 됐다"고 발탁 이유를 밝혔다.

주류회사 금복주는 이찬원을 참소주 광고모델로 선정
했다고 2023년 10월 19일 밝혔다. 금복주가 참소주 광고
를 위해 남성을 메인 모델로 발탁한 것은 처음이다. 그동
안 금복주는 여성 배우·가수 등 12명을 참소주 모델로 선
정했다. 금복주는 "이찬원이 새로워진 참소주 모델로 적합
하다고 판단해 오랜 준비 끝에 '이찬원 프로젝트'를 성사시
켰다"고 전했다.

2024년 1월 24일 소속사 티엔엔터테인먼트에 따르면,
이찬원은 편강한방연구소의 건강식품 구전녹용의 모델로
발탁됐다.

건종은 새로운 신발 브랜드 라인 '바로인슈즈'의 광고
모델로 이찬원을 발탁했다. 2024년 4월 9일 건종은 "이찬
원의 친근하고 신뢰할 수 있는 이미지가 편안함과 혁신을
추구하는 브랜드 방향성과 부합해 협업을 진행했다"고 밝
혔다.

원할머니 보쌈족발은 이찬원을 새 모델로 발탁하고, 이찬원이 함께한 첫 캠페인 'Peau, Ça me No.1'(뽀 싸므 넘버 원) TV 광고를 공식 유튜브 채널을 통해 공개했다고 2024년 7월 19일 전했다. 회사 측은 "이찬원은 친근한 이미지로 다양한 연령층의 사랑을 받고 있으며 특유의 밝고 건강한 에너지가 원할머니 보쌈족발이 오랜 시간 지키며 전해온 맛의 가치를 더욱 빛나게 할 것으로 기대한다"고 소감을 전했다.

이찬원은 제약회사 화이자의 백신 모델로 발탁됐다. 한국화이자제약은 이찬원과 13가 폐렴구균 단백접합백신 '프리베나13' 브랜드 광고를 진행한다고 2024년 9월 2일 밝혔다.

이처럼 이찬원의 순수, 진정성, 밝고 해맑은 긍정 마인드 등은 향후 오랫동안 기업이 선호하는 대표 모델로 자리할 것으로 보인다. 광고계의 진정한 블루칩으로….

젊은 세대서 노년층까지
폭넓은 팬덤

＃ 남녀 성비 2.5:7.5로 여성 팬 압도적

＃ 10대부터 노년층까지 폭넓은 사랑

＃ 인터파크티켓 데이터 기준

전국 지자체의 크고 작은 행사에서 트로트는 오랫동안 변함없는 사랑을 받고 있다. 행사장에서 관객은 가수의 노래를 따라 부르고 춤추며 한판 잔치를 벌인다. 이런 면에서 트로트는 공연, 즉 무대를 중심으로 하는 대표적인 '현장 음악'이자 가장 오랜 역사의 현장 음악 중 하나이기도 하다.

국내 최대 공연 티켓 예매사이트 '인터파크' 데이터에 의하면 이찬원은 20대부터 50대까지 다양한 연령대로부터 사랑받고 있다. 특히 30~40대가 이찬원 콘서트의 강력한 소비층인 것으로 나타났다. 남녀 선호도는 2.5:7.5로 여성팬이 압도적으로 많다.

인터파크티켓 데이터를 통해 이찬원 공연을 찾는 주 연령대에 관한 자세한 내용은 다음과 같다.

먼저, 이찬원의 첫 번째 팬콘서트 〈Chan's Time〉이다.

2021년 10월 23~24일 서울 올림픽공원 올림픽홀에서 열린 〈Chan's Time〉은 남성 22.9% 여성 77.1%의 티켓 예매율을 보였다. 30대가 30.4%를 차지해 1위에 올랐고 20대(29%), 40대(18.2%), 50대(13.2%), 10대(3%) 등이 뒤를 이었다.

2021년 11월 5~6일 부산의 'KBS 부산홀'에서 열린 팬

콘서트 〈Chan's Time〉도 남 20.4% 여 79.6%의 성비이며, 티켓 구매자도 30대(26.9%), 40대(24%), 20대(19.8%), 50대(18.9%), 10대(1.4%) 순으로 나타났다.

2021년 12월 4~5일 울산의 'KBS 울산홀' 공연도 남 24.8% 여 75.2%, 구매 연령도 30대(30.9%), 20대(23.1%), 40대(20%), 50대(14.9%), 10대(2.6%) 순이다.

2021년 12월 11~12일 고양 킨텍스 제1전시장에서 열린 공연은 남 15.8% 여 84.2% 성비로 이찬원 역대 공연 사상 가장 압도적인 여성 점유율을 보였다. 30대가 31.3%로 가장 많았고 40대(22.9%), 50대(18.5%), 20대(17.9%), 10대(1.3%) 등이 뒤를 이었다.

2021년 12월 26일 광주의 '광주여대 유니버시아드 체육관'에서 열린 공연도 남 18.3%, 여 81.7%로 고양 공연에 이어 두 번째로 여성 점유율이 높은 콘서트다.

이외에 2021년 12월 18~19일 인천 송도컨벤시아 전시장(남 23.6%, 여 76.4%), 2021년 12월 31일~2022년 1월 1일 창원의 창원컨벤션센터(남 22%, 여 78%) 등은 30대가 평균 31% 이상 티켓 점유율을 보였고 뒤를 이어 40대와 20대, 50대로 나타났다.

그러다가 2022년 1월 8~9일 대전의 컨벤션센터(DCC) 공연에선 30대(25.5%), 40대(24.8%), 50대(21.6%), 20대(16.4%), 10대(1.4%) 순을 보였고, 2021년 12월 24~25일 대구 엑스코 공연은 30대(31.2%), 20대(23%), 40대(22%), 50대(15.4%), 10대(2.2%)로 이어졌다.

2023년 4월 22~23일 성남아트센터 오페라하우스에서 열린 이찬원 전국 투어 콘서트 'ONE DAY'는 남 22.7% 여 77.3%의 티켓 구매 성비를 보였다. 연령대는 30대(27.6%)가 가장 많았고 이어 40대(25%), 50대(20.6%), 20대(15.1%), 10대(0.8%) 순이었다.

장민호와 진행한 합동콘서트 '2022 장민호 & 이찬원 콘서트 민원만족'도 화제를 모았다. "함께라서 더 좋은 두 남자 이야기. 웃음꽃 눈물꽃 감성꽃 모두 만개! 일상을 더욱 특별하게 만드는 두 남자의 마술이 시작됩니다. 보석감성 노래들, 솔직담백한 이야기들이 있는 관객만족 쌍방소통 콘서트 '민원만족'"이란 소개에서 알 수 있듯이 이 합동공연은 2022년 5월 서울 공연을 시작으로 대전, 인천, 전주, 부산, 강릉 등 전국 9곳의 주요 도시를 돌며 팬들을 만났다. 열띤 호응에 힘입어 서울 잠실 실내체육관에서 앙코르 콘서트를 4회 개최하기도 했다.

'2022 장민호 & 이찬원 콘서트 민원만족' 첫 무대는 2022년 5월 6~8일 서울 잠실실내체육관에서 선보였다. 남 20.8% 여 79.2%의 티켓 구매 성비를 보였고, 30대(31.7%)가 티켓을 가장 많이 구입한 것으로 나타났다. 이어 40대(22.9%), 20대(19.2%), 50대(16%), 10대(1.3%) 순이다.

2022년 5월 21일 대전 컨벤션센터에서 일린 '민원만족'

공연은 남 19.6% 여 80.4% 구매 비율로 30대(28.6%), 40대(27.5%), 50대(18.5%), 20대(16.1%), 10대(0.7%) 순으로 티켓을 구매했다.

2022년 6월 5일 전주 한국소리문화의전당 야외공연장 공연은 남 21.1% 여 78.9%이며 구매 1위는 40대(31.3%)이며 30대(30.8%), 20대(15.8%), 50대(14%), 10대(1.4%)가 뒤를 이었다.

2022년 6월 11~12일 KBS부산홀 '민원만족' 공연은 남 23.4% 여 76.6% 티켓 구매 성비로 30대(31.2%)와 40대(28.9%)가 가장 많이 티켓을 구입했다. 이어 20대(16.5%), 50대(15%), 10대(0.8%) 순으로 나타났다.

2022년 6월 26일 청주대학교 석우문화체육관 공연은 남 25.3% 여 74.7%로 구매 1위는 30대(32.8%), 뒤를 이어 40대(25.9%), 20대(18.4%), 50대(15%), 10대(1.3%) 순이다.

2022년 7월 10일 안양체육관과 2022년 7월 24일 강릉

가톨릭관동대학교 체육관 공연도 30대, 40, 50대 순으로 티켓 구매가 이어졌다.

2022년 8월 6~7일 대구 엑스포 공연은 남 22.9% 여 77.1%로 30대(31.6%)가 티켓을 가장 많이 샀고 이어 40대(25.9%), 20대(18%), 50대(15.6%), 10대(0.9%) 순으로 나타났다.

2022년 8월 27~28일 서울 잠실실내체육관에서 열린 '민원만족 – 서울 앵콜' 공연은 남 21.1% 여 78.9% 성비에 30대(30%)와 40대(24.7%)가 가장 많이 티켓을 구입했다. 20대(17.9%), 50대(17%), 10대(1.2%)가 뒤를 이었다.

위의 통계에서 염두에 둬야 할 게 있다. 고연령대는 인터넷으로 공연 티켓을 구매하는 방식이 서툴러 자식이 대신 해줄 때가 적지 않다. 따라서 20대 또는 30대 자식이 부모를 위해 티켓을 구매했을 때 데이터상으로는 20대, 30대가 구매한 것으로 카운트된다. 이러한 부분을 고려한다

해도 이찬원에 대한 인기는 젊은층에서 노령에 이르기까
지 매우 폭이 넓다. 이것은 이찬원이 여러 예능 프로그램
은 물론 젊은 층이 많이 몰리는 스포츠 경기 등 전방위적
인 영역에서 활동한 데에도 그 이유를 찾을 수 있다.

명곡 명연의 향연
'음원강자'

2년 반 동안 3장의 앨범 발매

최고의 작사·작곡진과 세션 연주자 라인업

정규 1집, '찬원표' 전통 트로트에 무게중심

미니 1집, 오랫동안 여운남는 '4곡 4색'의 미학

미니 2집, 싱어송라이터·프로듀서로서 우뚝

이찬원은 지금까지 2개의 싱글, 1장의 정규앨범, 그리고 2장의 미니앨범을 발매했다. 2021년 8월 데뷔싱글 〈편의점〉, 2021년 12월 싱글 〈참 좋은 날〉, 2023년 2월 정규 1집 [ONE], 2021년 10월 미니 1집 [선물]과 2024년 4월 미니 2집 [bright;燦]이 그것이다. 2년 반 동안 3장의 앨범을 냈는데 그 바쁜 와중에도 본업인 음악가의 길에 얼마나 성실하고 부지런하게 임했나 알 수 있게 한다.

추구하는 음악 세계를 작품마다 다양한 스타일로 담아 10~15곡 이상의 분량으로 발매하는 게 정규(Full-length) 앨범이다. 당시 해당 뮤지션의 음악적 지향성을 가장 깊이 있게 표현하는 만큼 제작 기간도 많이 걸린다. 따라서 정규앨범은 몇 년에 한 번 꼴로 발매되는 게 통상적이다.

반면 미니앨범은 정규앨범 발매에 앞서 숨을 고르는 차원으로, 5~6곡 또는 8곡 정도의 분량으로 제작된다. 음악인의 디스코그래피에선 정규앨범이 가장 중요하다. 자신의 음악적 지향성과 차별화된 스타일을 깊이 있게 꾹꾹 눌러 담은 작품 세계의 '준거', 즉 특정 음악가의 색깔·지향성이기 때문이다.

이런 점에서 2023년 2월 20일 발매한 정규 1집 [ONE]

은 이찬원 음악세계의 현재다. 고성진, PUNCH, 연규성, 오승근, 오성훈, 마벤져스(마아성·전홍민), 혜가서 등 여러 작곡진이 함께 하며 〈사나이 청춘〉, 〈건배〉, 〈풍등〉, 〈바람 같은 사람〉, 〈트위스트 고고〉, 〈밥 한번 먹자〉, 〈오.내.언.사〉, 〈나와 함께 가시렵니까〉, 〈망원동 부르스〉, 〈좋아 좋아〉 등을 세상에 선보였다. 또한 이태윤, 장혁, 노경환, 권한얼, 허남진, 김현아, 김원용, 융스트링 등 국내 정상의 세션진이 함께했다.

정규 1집은 발매 당일 타이틀곡 〈풍등〉을 비롯해 여러 수록곡이 차트인에 성공하며 새로운 음원 강자로 떠올랐다. 초동 판매량(집계 기준 2월 20일~2월 26일) 57만 7492장을 기록했고, 역대 솔로 가수 음반 정규앨범 초동 8위에 이름을 올렸다.

정규앨범 음악을 총괄한 고성진 프로듀서는 필자에게 "정규 1집 [ONE]은 전통 트로트의 맛을 살리는 데 포인트를 두려고 했다"며 "가장 이찬원다운 음악, 모든 곡에 정성이 담긴 음악, 그리고 무지개처럼 다양하고 빛나는 음악으로 만들어 나가려고 최선을 다했다"고 말했다.

"'미스터트롯' 등을 비롯해 근래 트로트는 정통으로 가기보단 다른 형태로 가고 있는 경향입니다. 하지만 이찬원의 정규 1집은 전통 트로트로 가고 싶었어요. 원래 이찬원이 지닌 매력/장점이 전통 트로트라고 생각하기 때문에, 바로 이 전통 트로트라는 장르를 추구하며 그러한 스타일 안에서 다양한 걸 찾고 싶었습니다. 물론 이찬원과 소속사도 같은 생각이었어요."

"팬들은 정규앨범이 금세 나온 걸로 알고 있을 수 있지만, 결코 아닙니다. 미리 준비한 시간까지 합치면 오래 걸렸죠. 발매 1년 전부터 얘기가 나왔고 전체적인 앨범 방향성 및 어떻게 진행할지 등등 여러 가지 차원에서 함께 고민하며 진행했습니다. 이찬원은 워낙 바쁘다 보니 정규앨범 작업 당시에 피로도가 느껴졌어요. 하지만 이젠 (살인적인 스케줄에 적응한 듯) 그런 피로도에 익숙해지고 있는 것 같아요. 어찌 보면 가수로서 이런 것도 발전이라면 발전일 수 있다고 봅니다."

정규 1집 [ONE]을 총괄한 음악감독 고성진에게 "가장 이찬원만의 특장점, 매력이 잘 나타난 곡을 하나만 꼽아달라고 했다. 그러자 "그건 너무 힘들다"며 "찬원이는 팔색조의 표현력이라 어느 한 곡을 꼽는다는 게 너무 힘들다. 전곡을 다 잘 불렀기 때문"이라고 답했다. 고 감독은 "이찬원은 느린 곡은 느린 곡대로 또 〈사나이 청춘〉처럼 빠른 템포는 빠른 템포대로 잘하는 가수"라고 덧붙였다.

2021년 10월 7일 발매한 미니 1집 [선물]은 고성진, 홍진영, 똘아이박, 불꽃남자 등의 작곡진 및 이태윤, 홍준호, 신석철, 김현아 등 국내 정상의 세션 연주자들이 가세해 사운드의 완성도를 높였다. 〈그댈 만나러 갑니다〉, 〈힘을 내세요〉, 〈메밀꽃 필 무렵〉, 〈남자의 다짐〉 등 4개의 수록곡은 발매된 지 몇 년이 지난 지금까지 여전히 많은 사랑을 받고 있다. 단지 네 곡만 수록한 작품이지만 각 트랙은

한 번만 들어도 그 여운이 오랫동안 남는 진정한 '4곡 4색'의 미학이다.

수록곡에 관한 내용은 이 책의 본문에서 자세히 다루었다.

2024년 4월 22일 발매한 미니 2집 [bright;燦]은 이찬원 전곡 작사·작곡 및 프로듀싱으로 더욱 진화하고 있는 이찬원의 진가를 여실히 보여준 작품이다. 〈하늘여행〉, 〈명작〉, 〈당신을 믿어요〉, 〈꽃다운 날〉 등 4곡을 수록한 미니 2집에 대해 고성진 작곡가는 이렇게 말했다.

"어느 한 부분이라도 이찬원이 멜로디를 만들지 않는 게 없습니다. 모든 걸 이찬원이 한 것이고 이게 제일 중요합니다. 이 앨범으로 이제 이찬원은 싱어송라이터로서 굳건하게 설 수 있을 거로 봅니다."

지금까지 발매된 이찬원의 곡들은 하나같이 큰 사랑을 받으며 연일 화제가 되고 있다. '음원강자'로서의 면모를 여실히 보여주는 사례다.

그럼 이제부터 이찬원이 발매한 미니앨범 2장과 정규앨범 1장, 그리고 싱글 음원에 대해 자세히 다루기로 한다.

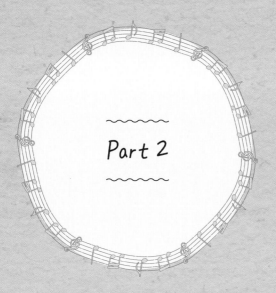

Part 2

정규와 미니앨범,
싱글 음원 전곡 리뷰

그간 이찬원이 발표한 싱글과 정규앨범 및 미니앨범 수
록곡 모두를 다루었다. 쉽게 찾아볼 수 있도록 발매 순서
가 아니라 곡 제목을 기준으로 가나다 순에 의거해 나열했
음을 밝혀둔다. 곡마다 작사와 작곡가 및 세션 연주자 정
보를 명기했고 관련 인물에 대한 정보도 정리해 곡을 이해
하는 데 도움이 되도록 했다.

수십 년 노래한 베테랑 가수 격이 엿보이는 열창

작사 이찬원·KHAI·PUNCH / 작곡 고성진·PUNCH
/ 권한얼(기타) / 이태윤(베이스) / 장혁(드럼) / 고성진(키보드)
/ 최준화(피아노·스트링·브라스) / 김현아(코러스)

2023년 2월 20일 발매한 이찬원의 정규 1집 [ONE] 수록.

　　인트로의 바이올린 솔로가 아련하게 다가오는 곡으로
특히 이찬원이 작사에 직접 참여해 지금까지 든든한 버팀
목이 된 친구와 미래의 우정에 대해 많은 고민과 생각을
가사에 녹여냈다.

"잘 지내는지 함께 뛰놀던/늘 보고 싶은 내 친구"부터 "…건배 잔을 들어라 친구여/우리들의 미래를 위해"까지 시종 발성도 탁월하지만, 무엇보다 노래에서 여유가 느껴진다. 이 정규 1집에서 이미 그는 수십 년 노래한 베테랑 대가수의 격을 보여주고 있는 것이다.

　　〈건배〉는 발매 1년 후인 2024년 3월 27일 600만 스트리밍을 돌파했다.

　　〈건배〉를 작곡한 고성진 음악감독은 그룹 '플라워' 리더이기도 하다. 안재욱 〈Forever〉, 플라워 〈Endless〉 등 여러 히트곡을 썼으며 이외에 김정민, 홍경민, 김형중, 이지훈 등 여러 가수의 곡을 썼다. 황신혜·김민종·윤다훈 주연의 2002년 영화 '패밀리' OST 작업을 총괄하기도 했다.

　　세션 라인업도 화려하다.

　　특히 1:34부터 1:56까지 22초간 나오는 권한얼의 기타

솔로는 아련한 추억을 불러 일으킨다. 권한얼은 남매 듀오 악뮤(AKMU)와 세계적인 8인조 K팝 그룹 에이티즈(ATEEZ)의 투어 밴드 기타리스트다. 그간 김범수, 윤종신, 이효리, 알리, 거미 등 600여 곡 넘게 세션했다. 1994년생으로 나이는 젊지만 이미 20대 초반부터 나이 든 사람처럼 '올드'하고 노련하게 기타 연주를 한다는 평을 자주 듣고 있는 세션 연주자다.

'조용필과 위대한탄생' 베이시스트로 유명한 이태윤은 S.E.S 〈I'm Your Girl〉, H.O.T 〈빛〉, 신승훈 〈엄마야〉, 임창정 〈내가 저지른 사랑〉, 뱅크 〈가질 수 없는 너〉, 김건모 〈서울의 달〉, 카라 〈미스터〉, 빅뱅 〈루저〉 등 2만 곡 넘게 세션했다. 2024년 초부터 KFN라디오 96.7Mh '영혼의 베이시스트 이태윤의 그룹사운드'를 진행하며 방송인으로서의 재능도 보여주고 있다.

장혁은 2002 월드컵 〈오 필승 코리아〉와 이승철 〈그런 사람 없습니다〉를 필두로 신승훈, 김건모, 김현철, 이소라,

박완규 등 7000여 곡 넘게 세션했다. 현 성시경과 이선희 밴드마스터로 활동 중이다.

   호원대 실용음악과에서 피아노를 전공한 최준화는 현재 피아니스트 겸 스트링 편곡자로 활발하게 활동하고 있다. 올해(2024년) 나이 31세, 앞으로 더욱 기대되는 음악가로 세션계에선 감성적인 면이 풍부하고 폭넓은 장르를 소화한다고 평가받는다.

◆ 건배

잘 지내는지 함께 뛰놀던
늘 보고 싶은 내 친구
그동안 지나온 힘들었던 날들
이젠 모두 지났다
언제라도 내게 어깨를 내주며
힘을 내자 위로해 줬고
좋은 일 슬픈 일 함께 나누며
웃고 울며 걸어온 세월

건배 잔을 들어라
멋진 우리의 우정을 위해
건배 잔을 들어라 친구여
우리들의 미래를 위해

그리운 고향 수많은 기억
늘 같이했던 내 친구
어쩌면 그리도 행복했었는지
이젠 갈 수가 없다

언제라도 내게 어깨를 내주며
힘을 내자 위로해 줬고
좋은 일 슬픈 일 함께 나누며
웃고 울며 걸어온 세월

건배 잔을 들어라
멋진 우리의 우정을 위해
건배 잔을 들어라 친구여
우리들의 미래를 위해
영원한 나의 친구여

발성의 탁월함과 착착 달라붙는 펑키 리듬까지

작사·작곡 홍진영 / 홍준호(기타) / 이태윤(베이스) / 김문정(피아노)
/홍진영(오르간) / 신석철(드럼) / 김동하(트럼펫) / 이한진(트롬본)
/ 김수환(색소폰) / 김현아(코러스)

2021년 발매한 미니 1집 [선물] 수록.

펑키 리듬의 디스코 풍에 트로트가 함께 하는 경쾌한 무
드의 곡이다.

"꽃을 닮은 사람이에요/그대가 내 사랑입니다"부터 "꽃

보다 더 아름다운/그댈 만나러 난 갑니다" 까지 이찬원의 노래가 가볍고 시원하게 다가오지만, 이 또한 발성의 탁월함과 무르익은 감정 연출이 자연스럽기 때문에 그렇게 들리고 있는 것이다.

2021년 10월 7일 이찬원 공식 유튜브 채널에 공개된 〈그댈 만나러 갑니다〉 음원 영상은 2023년 12월 24일 기준 조회수 700만 뷰를 넘어서며 꾸준한 인기를 증명했다.

리듬 및 오블리가토, 솔로까지 모든 기타 파트도 멋지다. 착착 달라붙는 펑키 리듬 커팅부터 짧은 솔로 프레이즈에 이르기까지 내공이 느껴지는 맛있고 멋스러운 연주다. 기타를 세션한 홍준호는 이승철 〈긴 하루〉와 〈소리쳐〉, 나얼 〈서로를 위한 것〉, 김동률 〈출발〉과 〈아이처럼〉, 이소라 〈Amen〉과 〈Sharry〉, 로이킴 〈봄봄봄〉 등 2만 5000곡 넘게 연주했다.

〈그댈 만나러 갑니다〉를 작사·작곡한 홍진영은 이승철

〈소리쳐〉와 〈사랑 참 어렵다〉, 이문세 〈사랑은 늘 도망 가〉, 알리 〈서약〉, SG워너비 〈그대를 사랑합니다〉 등 많은 히트곡을 썼다. 바비킴, 소향, 조항조, 박강성, 박상민, 김범수, 윤태규, 홍지윤, 영탁, 박서진 등 많은 가수와 작업했으며, 한국음악저작권협회 회장을 역임한 바 있다.

신석철은 신중현의 3남으로 신대철, 신윤철에 이은 막내다. 서울전자음악단, 전인권밴드 등에서 활동했다. 아이유, 김광진, 김건모, 롤러코스터, 박정현, 서영은, 성시경 등 많은 가수와 연주했고 '복면달호', '고고70', '내 여자친구를 소개합니다', '파송송 계란탁' 등 영화 OST에도 참여했다. 이외에 KBS '이소라의 프로포즈'와 '윤도현의 러브레터' 하우스밴드 활동도 했다.

김현아는 조성모 〈다짐〉, 백지영 〈사랑 안 해〉, 장윤정 〈어머나〉, 송대관 〈네박자〉, 보아 〈넘버1〉, 소녀시대 〈소원을 말해봐〉, 나훈아 〈테스형〉 등등 3만 5000여 곡 넘게 세션한 일명 '국민 코러스'다. '세일러문', '아빠아따', '플란

다스의 개' 등 많은 애니메이션 주제가는 물론, '미에로화

이바', '물 먹는 하마', '농심 도토리 비빔면' 등 200편 넘는

CM송도 노래했다.

◆ 그댈 만나러 갑니다

꽃을 닮은 사람이에요
그대가 내 사랑입니다
꽃보다 더 아름다운
그댈 만나러 난 갑니다
별을 닮은 사람이에요
그대가 내 행복입니다
별보다 더 반짝이는
그댈 만나러 난 갑니다
아름다워요 내 삶이
그대가 있어 빛나요
아름다워요 내 사랑
내 생에 최고의 선물
이 세상에 오직 하나뿐
그대가 내 기적입니다
꽃보다 더 아름다운
그댈 만나러 난 갑니다
그대와 난 살고 싶어
그대 곁에 잠 들고 싶어

이 세상 다 주고 싶은
그댈 만나러 난 갑니다
아름다워요 내 삶이
그대가 있어 빛나요
아름다워요 내 사랑
내 생에 최고의 선물
이 세상에 오직 하나뿐
그대가 내 기적입니다
꽃보다 더 아름다운
그댈 만나러 난 갑니다
이 세상에 오직 하나
그댈 만나러 난 갑니다

고음의 풍요와 난도 높은 저음 고루 등장, '이찬원식 내공' 좋은 예

작사·작곡 이찬원
/ 차준환(기타) / 이명철(베이스) / 이운주(드럼) / 여재민(피아노)
/ 김현아(코러스) / 1Hz(미디 프로그래밍)

미니 2집 [bright:燦] 수록.

    이찬원이 어머니를 떠올리며 작사와 작곡을 한 〈꽃다운
날〉은, 자식을 위해 꽃다운 청춘을 보낸 엄마의 희생을 떠
올리며 잔잔한 위로를 건네는 노래다. 따라서 그만큼 이찬
원의 다양한 감정선 연출이 돋보인다.

잔잔한 듯하지만 소리의 강약과 리듬, 톤 등 여러 부분에 디테일을 가하며 변화를 주며 노래하고 있다.

특히 이 곡은 고음의 풍요로움과 난도 높은 저음이 고루 등장한다. 노래 초반 "내 젊은 날"의 '날~~'이나 "조금씩 기울어"의 '어~~' "꺾일 때쯤"의 '쯤~~', 그리고 "어여쁜 지난날"의 '날~~' 등에서 알 수 있듯이 시종 느리지만 격차 큰 비브라토를 걸며 가사에 포인트를 주고 있다.

"뒤에 가려있던 당신 미소"의 '미소~'에선 음이 빠르게 낮아지는 데 이러한 저음은 명확하게 구사하는 게 쉽지 않다. 그러나 이찬원은 '소~~'라는 저음을 정확하게 발음하며 노래하고 있다.

듣기엔 쉽고 편하게 감상할 수 있지만 막상 따라 부르려면 '내공'이 필요한 이찬원의 가창 특성을 십분 만끽할 수 있는 곡이다.

2024년 4월 22일 이찬원 공식 유튜브 채널에 공개된

〈꽃다운 날〉 음원 영상은 한 달 만인 5월 29일 100만 뷰를 돌파했고 7월 26일 200만 뷰를 넘어서는 등 '사모곡'을 대표하는 노래로 꾸준히 인기를 얻고 있다.

서울예대 실용음악과 출신의 차준환은 업텐션, 몬스타엑스 원호, 식케이, 소유, 우주소녀 등 많은 아이돌 기타 세션으로 주목받고 있다.

베이스 기타를 세션한 이명철은 몬스타엑스, 세정, 하성운, 아스트로, 자이언티, 에릭남, 정은지, 적재, 포르테 디 콰트로 등 현재 가장 '핫'한 아티스트들과 작업했다.

피아노 세션의 여재민은 제이세라 〈나를 살게 하는 사랑〉를 비롯해 안예슬, 서다현, 주원탁, 정소리 등과 작업했다.

♦ 꽃다운 날

꽃다운 내 젊은 날
조금씩 기울어 꺾일 때쯤
돌아보는 내 청춘
어여쁜 지난날
뒤에 가려있던 당신 미소
가장 예쁜 꽃다운 날
내게 다 바친
한 여자가 이제야 보이네요

곱고 희던 당신 두 손이
안겨 자던 포근한 품이
왜 이토록 그을리고
작아진 건가요
이제 내게 기대 쉬세요
행여 어린 마음 다칠까
지새웠던 --당신의 밤
헤아릴 수 있을까
돌아보는 내 젊음

어렸던 지난날
뒤에 가려있던 당신의 삶

가장 예쁜 꽃다운 날
내게 다 바친
한 여자가 이제야 보이네요
곱고 희던 당신 두 손이
안겨 자던 포근한 품이
왜 이토록 그을리고
작아진 건가요
이제 내게 기대 쉬세요

곱고 희던 당신 두 손이
안겨 자던 포근한 품이
왜 이토록 그을리고
작아진 건가요
이제 내게 기대 쉬세요
이제 내게 기대 쉬세요

프로포즈, 결혼식 축가 등에 애용

작사 연규성·오성훈·에르고 / 작곡 연규성·오성훈
/ 정성은(피아노) / 김민규(기타) / DZELL(베이스)
/ 박준호(드럼)/ 김영재(스트링) / 김현아(코러스)

정규 1집 [ONE] 수록곡으로 사랑하는 연인과 평생 함께 해온 삶의 행복감과 남은 생 또한 함께 사랑하며 살고 싶은 마음을 담았다.

사계절의 흐름을 인생에 비유하며 연인에 대한 평생 사

랑을 노래한 가사가 인상적이다. 특히 "365일 그대가 내 가슴에 살고"나 "그댈 향한 내 사랑엔 공휴일도 없어요", 그리고 " 내 생에 마지막 하루가 남은 날엔 그대 품에 잠들고 싶어요"란 가사는 언제 들어도 기막힌 표현이다. 이쯤 되면 프로포즈 송, 결혼식 축가 등으로 사랑받을 만하다.

실제로 이찬원은 이 곡을 축가로 부르기도 했다.

2024년 5월 26일에 열린 산다라 박의 동생 천둥과 구구단 출신의 미미 결혼식에서 이찬원은 축가로 〈나와 함께 가시렵니까〉를 불렀다고 한다. 산다라 박의 어머니는 이찬원의 열혈 팬이기도 하다.

2023년 'ONE DAY' 전국 투어에서 오프닝 곡으로 흥미를 끌기도 했다. 이찬원은 무대 중앙 안쪽에 "365일 그대가 내 가슴에 살고…"라며 콘서트의 포문을 열고, 1절이 끝나면 문이 열리고 무대 앞으로 걸어오면서 노래를 불렀다. 동선 하나하나가 팬들에 대한 사랑을 담은 것이자 이 곡이 말하는 메시지이기도 하다.

〈나와 함께 가시렵니까〉 음원은 2023년 5월 6일 200만 스트리밍에 이어 6월 30일 300만 스트리밍을 돌파했다. 또한 몇 개월 후인 11월 27일 오전 500만 뷰를 넘어섰고, 2024년 3월 600만 뷰에 이어 7월 17일 700만 뷰를 돌파했다. 짧은 시간 동안 평균 100만 클릭 이상 가파른 조회수를 기록하며 이찬원의 대표 인기곡 중 하나로 자리하기에 이른다.

〈나와 함께 가시렵니까〉를 작사·작곡한 연규성은 '위대한 유산', '황금의 제국', '나의 유감스러운 남자친구', '파랑새의 집', '당신을 주문합니다', '마이 리틀 베이비', '역적 : 백성을 훔친 도적' 등 많은 OST에도 참여했다.

오성훈은 유명 비보이 '피플크루' 출신의 인기 작곡가로 황치열, 송하예, 디셈버, 코요테, 왁스, 제이세라 등 많은 가수와 작업했다.

◆ 나와 함께 가시렵니까

나와 함께 가시렵니까?

꽃이 핀 오솔길을

나와 함께 가시렵니까?

시원한 나무 그늘 아래로

나와 함께 가시렵니까?

낙엽 진 가을을 지나

나와 함께 가시렵니까?

이제 반쯤 남은 이 길을

365일 그대가 내 가슴에 살고

그댈 향한 내 사랑엔 공휴일도

없어요

단 하루,

그댈 하루라도 볼 수 없다면

그리움에 난 잠 못 이뤄요

나와 함께 가시렵니까?

눈이 내린 하얀 꽃길을

나와 함께 가시렵니까?

이제 반쯤 남은 이 길을

365일 그대가 내 가슴에 살고

그댈 향한 내 사랑엔

공휴일도 없어요

단 하루,

그댈 하루라도 볼 수 없다면

그리움에 난 잠 못 이뤄요

사랑하는 당신

그댈 향한 내 사랑에 마지막은

없어요

단 하루,

내 생에 마지막 하루가

남은 날엔

그대 품에 잠들고 싶어요

그댈 영원히 사랑하고 싶어요

순간적인 톤 뒤집기서 꺾기까지 난도 높은 발성

작사 · 작곡 불꽃남자 / 편곡 고성진, PUNCH
/ 전영호(피아노 · 키보드) / 이태윤(베이스) / 장혁(드럼)
/ 노경환(기타) / 황지현, 오현일(코러스)

2021년 10월 7일 발매한 이찬원의 미니 1집 [선물] 수록곡으로, 2024년 5월 7일 기준 800만 음원 조회수를 넘어섰다.

"나야 나야 그대 남자야"부터 와우 이펙트가 걸린 리듬

기타가 그간 듣던 트로트와는 다른 분위기로 안내한다.

"비바람에 당신 지킬 한 사람이야"의 '한 사람이야'에 이어 나오는 0:32부터 0:34까지의 짧은 오블리가토도 트로트에서 듣던 '뻔한' 게 아닌 가요 세션 타입의 연주다. 0:49부터 1:02 "묻지 마라 사랑이란 게/이유가 어딨더냐"에선 이찬원에게서만 들을 수 있는 묵직하고 굵은 보이스의 트로트 열창을 만끽할 수 있다.

이 곡에서 이찬원은 톤을 뒤집어가며 동시에 꺾기를 구사하는 난도 높은 발성을 너무도 맛있고 구성지게 구사하고 있다.

또한 〈남자의 다짐〉은 락킹한 일렉트릭 기타 인트로에 이어 와우(Wah) 이펙트 리듬이 함께 하며 분위기를 고조시킨다.

강력한 록음악을 연상케 하는 기타 인트로는 이 곡의 편곡자인 고성진 감독이 기타로 쳐놓은 상태였다. 기타 세션이 있던 당일 스튜디오엔 불꽃남자와 고성진이 함께 있었다. 노경환은 이 곡을 멜로디와 코드 진행은 트로트지만 록이라 생각하고 연주하려 했다. 그래서 좀 더 록 감성을 연출하고자 일렉트릭 기타도 파워풀하게 연주했고 와우 이펙트도 그런 이유로 사용했다. 사용 기타는 쉑터 USA 커스텀 선셋, 이펙트는 라인식스(Line 6)의 POD X3다.

불꽃남자(김진용)는 환희 〈내 사람〉, 거미 〈내게로 오는 길〉, 테이 〈새벽 3시〉, 황영웅 〈꽃구경〉 등을 비롯해 브라운아이드걸스, 서영은, 김현정, 왁스, 성시경, 장혜진, 김형중, 먼데이키즈 등 많은 가수의 노랫말을 썼다. 박정현의 〈치카치카〉 작곡자이기도 하다.

피아노 세션의 전영호는 MBC '나는 가수다' 하우스밴드 및 '복면가왕', KBS '유희열의 스케치북', EBS '스페이스공감' 등 여러 프로그램 세션 활동으로 잘 알려져 있다.

노경환은 안재욱, 백지영, 다비치, 폴킴, 신화, 장윤정, 청하, 멜로망스 등 많은 세션으로 유명한 베테랑 연주자로 현 김종서 공연 밴드 멤버이자 임재범 밴드마스터다.

♦ 남자의 다짐

나야 나야 그대 남자야

비바람에 당신 지킬 한 사람이야

마주보는 눈빛처럼 따뜻한 것이

남자의 가슴이야

묻지마라 사랑이란 게

이유가 어딨더냐

한 평생 당신을 사랑하자던

남자의 다짐 뿐이야

너야 너야 나의 여자야

거친 내 맘 잠재워줄 한 사람이야

소란한 밤 피어나는 달맞이 꽃은

당신의 얼굴이야

묻지마라 사랑이란 게

이유가 어딨더냐

한 평생 당신을 사랑하자던

남자의 다짐 뿐이야

한 평생 당신을 사랑하자던

남자의 다짐 뿐이야

색채적 표현의 발성과 감정선

작사·작곡 이찬원 / 윤재원, 최가람(기타) / 고신재(베이스)
/ 장지원(피아노) / 곽준용(드럼) / 최일호(키보드·스트링 편곡)
/ 소명진(해금) / 융스트링(스트링) / 김현아(코러스)

　　미니 2집 [bright;燦] 수록곡으로, 불안한 미래에 대한 불확실성으로 헤매는 이들에게 '당신의 그 길이 정답이 될 거예요'라고 용기와 희망을 주는 메시지를 담았다.

　　〈당신을 믿어요〉는 2024년 4월 22일 이찬원 공식 유튜브 채널에 공개 후 한 달도 채 안 된 5월 14일 100만 뷰를 돌파했다. 또한 6월 200만 뷰에 이어 8월 15일 300만 스트리밍을 넘어섰다.

.

"눈 내리는 봄날 꽃은 언제 피나요"부터 "당신의 찬란한 인생을 믿어요"까지 시종 느린 템포로 노래하지만, 가사 사이의 여백이 거의 없을 만큼 꽉 찬 진행이 색다르다. 따라서 이런 곡은 뉘앙스를 제대로 따라잡기가 쉽지 않다. 이찬원만의 맞춤형 노래라 해도 좋을 만큼 그의 발성과 표현법이 색채적이고도 절절하게 흐른다.

기타 세션의 윤재원은 조성모, 다비치, 거미, 김재중, SS501 등 여러 가수를 세션했고 KBS '불후의 명곡'과 '노래가 좋아', MBC '복면가왕', Mnet '슈퍼스타K' 하우스밴드에서도 활동했다.

최가람은 〈한동안 뜸했었지〉로 유명한 '사랑과 평화' 출신의 기타리스트 최이철의 아들이다. 장민호, 이지영(빅마

마), KCM, 보이스퍼, 아이반, 멜로우키친 등 여러 가수와 편곡 작업을 했다.

피아노를 세션한 장지원은 SG워너비, 거미, 부활, 영웅재중, 장근석 등 2만 곡 넘게 건반 세션 및 KBS '불후의 명곡', SBS '트롯신이 떴다', MBN '보이스퀸'과 '보이스킹'. Mnet '슈퍼스타K' 등 여러 프로그램 음악감독으로 유명하다.

곽준용은 '불후의 명곡' 하우스밴드 드러머로 10년 넘게 활동했다. 김건모, 김바다, 박완규, 김태우, 악뮤, 에이핑크, 정동하, 장근석, 임태경 등 많은 가수를 세션했다.

베이스를 세션한 고신재는 '불후의 명곡' 하우스밴드 베이시스트 및 여러 가수를 세션했다.

해금 연주자 소명진은 한양대 및 대학원에서 국악을 전공했고 이후 다양한 연주활동을 하고 있다.

◆ 당신을 믿어요

눈 내리는 봄날 꽃은 언제 피나요

앙상한 나무 위에

쓸쓸한 바람 소리만

시간이 흘러도 꽃은 보이질 않아

아직 찾지 못한 꽃송이

시간이 무심코 그렇게 흐르고

눈물과 한숨뿐이었죠

불안한 미래 확신 없는 나날들

그 세월의 연속이었죠

이젠 일어나세요 꽃을 피워보아요

당신의 그 길이 정답이 될 거예요

때론 이 험한 세상에

주저앉고 싶을지라도

일어나요 당신을 믿어요

비가 오면 유난히 쓸쓸해지곤 했죠

한 잎 두 잎 떨어지는

저 꽃들 바라보며

시간이 흐르면 꽃은 다시 피겠죠

그 희망을 안고 살았죠

시간이 무심코 그렇게 흐르고

눈물과 한숨뿐이었죠

불안한 미래 확신 없는 나날들

그 세월의 연속이었죠

이젠 일어나세요 꽃을 피워보아요

당신의 그 길이 정답이 될 거예요

때론 이 험한 세상에

주저앉고 싶을지라도

일어나요 당신을 믿어요

내가 사랑하는 당신이

가는 그 길이라면

나도 함께해요 당신을 믿어요

당신의 찬란한 인생을 믿어요

3분 만에 완성된 이찬원 시그니처송 중 하나

작사·작곡 마아성·전홍민 / 김광석, 박광민(기타) / 박한진(베이스)
/ 이상훈(드럼) / 변성룡(피아노) / 박영용(퍼커션) / 김원용(색소폰)
/ 윤정로(키보드) / 융스트링(스트링) / 김현아(코러스)

정규 1집 [ONE]에 수록된 곡으로, 불 꺼진 망원동 밤거리를 배경으로 쓸쓸한 남자의 마음을 노래했다.

문초희 매니저이기도 한 가수 겸 작곡가 마아성은 홍지윤 〈왔지윤〉, 문초희 〈해빙〉, 강예슬 〈목련〉 등을 작곡했다. 그 외 고우리, 이찬성, 김정민, 최향 등과도 작업했다. 전홍민은 편곡자 출신으로 마아성과 함께 '마벤져스'에서 활동하며 많은 가수의 곡을 작업하고 있다.

작곡가 전홍민 인터뷰를 통해 〈망원동 부르스〉가 나오게 된 스토리를 들어봤다.

전홍민은 20세 때 장충동의 스튜디오에서 고성진 감독을 처음 만났다. 이런 인연으로 이후 이찬원의 앨범 작업에 참여했는 데 그의 감성과 스타일이 잘 나타나 있는 게 바로 〈망원동 부르스〉다.

전홍민 작곡가는 어느 날 "이찬원에게 어울릴 좋은 곡이 있으면 보내달라"는 고성진 감독의 연락을 받고 3곡을 보냈는 데 그중 하나가 바로 이 곡이다.

전홍민은 장충동에 있다가 23세 때 망원동 부근으로 와서 20년 정도 살았다. 따라서 망원동은 그에겐 제2의 고향

이나 다름없을 만큼 추억이 많은 곳이다.

많은 사랑을 받는 소위 '대형 가수'에겐 〈영동 부르스〉, 〈대전 부르스〉 등 지명을 사용한 노래가 있다. 여기에 힌트를 얻은 전홍민은 이찬원도 이런 노래를 부르면 좋겠다고 생각해 '망원동 부르스'란 제목을 지은 것. 작업을 마치고 매일 저녁 늦게 퇴근하면서 이러한 아이디어가 떠올랐다고 했다. 마아성과 함께 멜로디 정리하고 가사도 협업하며 곡은 빠른 속도로 만들어졌다.

전주는 이미 전홍민 작곡가가 만들어놓은 상태였고, 여기에 마아성과 함께 멜로디와 가사 등 전체적인 그림을 입혀 갔다.

전홍민은 작곡을 빨리하는 편이다. 휘리릭하고 쓰지 않으면 잘 써지지 않을 만큼, 빨리 써야 오히려 좋은 곡을 만들 수 있다는 게 그의 신조다. 〈망원동 부르스〉도 마아성과 같이 앉아서 멜로디, 가사까지 3분 만에 완성했다.

전홍민 작곡가는 이렇게 말했다.

"이찬원은 당시 정규앨범 작업뿐만 아니라 방송 스케줄도 워낙 많아 눈코 뜰 새 없이 바빴습니다. 그런데도 어렸을 때부터 트로트를 많이 불러서 이 곡 또한 무르익은 감성으로 탁월하게 노래했습니다. 할 얘기가 없을 만큼 노래를 너무 잘했어요. 저는 이 가수가 어떻게 부를 것 같다고 상상하며 곡을 쓰는데, 이전에 노래한 걸 들어보면 그 가수가 어떻게 노래할지 대략 예측을 할 수 있는 것이죠. 이찬원은 상상한 대로 딱 그렇게 노래했습니다. 잘 불렀다는 말밖엔 할 말이 없을 만큼. 너무 잘해 많이 부르지도 않았어요. 몇 차례 부르고 녹음작업이 금방 끝났으니까요."

드럼 세션은 원래 김창완 밴드의 드러머 강윤기에게 의뢰할 예정이었다. 그러나 강윤기가 미국 출장 중이라서 급하게 이상훈으로 바뀐 것이다. 전홍민 작곡가는 "이상훈 님이 기대 이상으로 너무 드럼 연주를 잘해주셔서 정말 고맙게 생각하고 있다"고 말했다.

HE-5, 들국화 등과 활동한 김광석은 테크닉과 감성 모두 최고 수준으로 평가받는 정상의 세션 기타리스트다.

피아노/건반 연주자 변성룡은 유명 편곡자이기도 하다. 나훈아, 주현미, 최백호, 변진섭, 이선희, 이동원, 이광조, 박상철, 강진, 조덕배, 원미연, 정의송 등 많은 가수 편곡 작업엔 그의 이름이 빠지지 않고 등장한다.

박영용은 KBS관현악단 출신으로 나훈아, 남진, 조영남, 패티김, 나미, 이문세, 김건모, 신승훈, 샤크라, 장윤정, 현숙, 방실이 등 많은 음반 세션에 참여했다.

김원용은 MBC '전원일기' 주제곡에서 들을 수 있는 색소폰 연주의 장본인으로 나훈아, 남진, 심수봉, 양수경, 장윤정, 신화, 핑클 등 많은 가수를 세션했고, 음실련(한국음악실연자연합회) 회장을 역임했다. 그는 몇 년 전 필자에게 "스탄 게츠(Stan Getz)가 연주하던 셀마(Selmar) 색소폰을 어렵게 구해 메인악기로 사용하고 있다"고 귀띔해 준 바 있다.

◆ 망원동 부르스

불 꺼진 망원동 거리

쓸쓸한 달빛 아래

나 홀로 외로이 이 거리를

터벅터벅 걷고 있네

빛나는 저 별은 내 마음 아는지

유난히 반짝이고

내 곁을 스치는 싸늘한 바람은

나를 더 울리는데

아아-아아아, 아아아-아아아

한적한 망원동에서

그대를 생각하며 부르는 이 노래

눈물의 망원동 부르스

불 꺼진 망원동 거리

쓸쓸한 달빛 아래

나 홀로 외로이 이 거리를

터벅터벅 걷고 있네

빛나는 저 별은 내 마음 아는지

유난히 반짝이고

내 곁을 스치는 싸늘한 바람은

나를 더 울리는데

아아-아아아, 아아아-아아아

한적한 망원동에서

그대를 생각하며 부르는 이 노래

눈물의 망원동 부르스

눈물의 망원동 부르스

이찬원과 고성진 감독 인연의 시작

작사 불꽃남자 / 작곡 고성진·PUNCH
노경환(기타) / 이태윤(베이스) / 장혁(드럼)
/ 최준화(피아노) / 전영호(키보드)

미니 1집 [선물] 수록.

"내가 얼마나 외롭게 했는지 꿈에 한 번 나오지 않아"
"비 내린 강가에 연어 떼처럼 돌이킬 수 없는 내 사랑" 등
노래 초반부터 시적인 표현의 가사가 가슴에 와닿는다.
"슬픈 초승달이 기울면 하얀 메밀 꽃길 따라서 그댈 찾아

떠나가겠소"까지 마치 70년대의 흑백 TV가 연상되는 옛스러운 정서가 따뜻하고 구성지게 흐르는 곡이다.

〈메밀꽃 필 무렵〉은 2023년 7월 12일 900만 뷰, 11월 18일 1000만 뷰를 넘어섰고, 2024년 6월 25일 1100만 뷰를 돌파했다.

이찬원 소속사에서 곡을 찾고 있다고 해 고성진 음악감독도 곡을 보냈고 이렇게 해서 채택된 게 바로 〈메밀꽃 필 무렵〉이다.

고성진 감독은 "후일 알게 된 사실이지만 이찬원은 이 곡을 처음 접할 때 마음에 들어했다"고 한다. 〈메밀꽃 필 무렵〉은 고성진 작곡가와 이찬원의 인연이 시작되는 계기라 의미가 남다른 곡이기도 하다.

고성진 감독은 이렇게 말했다.

"<메밀꽃 필 무렵>은 어떠한 고민도 없이 자연스럽게 썼던 것 같아요. 떠나보낸 사람에 대한 그리움, 슬픔에 관한 느낌을 곡에 담아달라고 해서 그에 맞게 술술 풀리듯 작곡이 진행됐습니다."

많은 이들로부터 사랑받는 히트곡은 이처럼 실타래가 술술 풀리듯 빠르게 나온다는 걸 다시 한번 알 수 있게 하는 사례다.

〈메밀꽃 필 무렵〉은 임재범 밴드마스터이자 중부대 실용음악학 노경환 교수가 기타 세션을 했다. 고성진 감독과 함께한 첫 작품이기도 하다.

이 곡에 대해 노경환은 "나일론 기타 세션이 들어간 사극 분위기의 트로트 발라드"라고 정의했다. 스페인의 '어드미라' 나일론 기타로 연주했다.

스튜디오에 가서 이 곡을 처음 접한 노경환은 고성진 감독에게 "리허설로 먼저 연주해볼 테니 들어보시고 의견 달라"며 자신이 생각한대로 연주했다. 그러자 고성진 감독은 "이대로 가면 될 것 같다"고 했고, 바로 녹음에 들어갔다. 이렇게 해서 〈메밀꽃 필 무렵〉은 별 탈 없이 순탄하게 녹음을 마쳤다.

♦ 메밀꽃 필 무렵

내가 얼마나 외롭게 했는지

꿈에 한 번 나오질 않아

비 내린 강가에 연어 떼처럼

돌이킬 수 없는 내 사랑

내가 얼마나 힘들게 했는지

그대 울던 모습만 남아

소란한 밤 사이 별똥별처럼

내 마음에 콕 박힌 당신

새끼손가락 걸고

영원을 약속했던

내 사랑은 지금 어디에

슬픈 초승달이 기울면

하얀 메밀꽃길 따라서

그댈 찾아 떠나가겠소

처음 가는 세상

나 길 잃을지 모르니

그대가 꼭 마중나와주오

그대 떠나던 그 날의 아침은

귀뚜라미마저 조용해

떠나는 발소리 하나 없었던

마지막 내 당신의 모습

새끼손가락 걸고

영원을 약속했던

내 사랑은 지금 어디에

슬픈 초승달이 기울면

하얀 메밀꽃길 따라서

그댈 찾아 떠나가겠소

처음 가는 세상

나 길 잃을지 모르니

그대가 꼭 마중나와주오

그대가 꼭 마중나와주오

담백하게 노래, '소리의 경제성'에 충실

작사 이찬원, 비토 / 작곡 이찬원, 1hz, 비토, 차준환, Wietune
/ 차준환(기타) / 이명철(베이스) / 이운주(드럼) / 여재민(피아노)
/ 김현아(코러스) / 1Hz(미디 프로그래밍)

〈명작〉은 조항조의 〈사랑병〉을 듣고 감동받은 이찬원
이 자신 또한 명곡을 만들고 싶다고 생각해 쓴 곡이다. 이
찬원은 TV조선 '미스터트롯' 지원서에 가장 좋아하는 가
수와 애창곡으로 조항조의 〈남자라는 이유로〉를 적었을
만큼 조항조의 열렬한 팬이기도 하다.

미니 2집 [bright;燦] 수록곡 중 대중적으로 가장 친숙하게 다가오는 작품이다. 그리고 이찬원이 계속 진화하고 있다는 걸 보여주는 좋은 예이기도 하다.

2024년 4월 22일 이찬원 공식 유튜브 채널에 공개된 〈명작〉 음원 영상은 5월 24일 100만 뷰를 넘어섰고 6월 11일 133만, 그리고 7월 26일엔 200만 뷰를 돌파했다.

이 곡은 전형적인 트로트 스타일이지만 노래가 시작되는 "비가 오고 봄바람이 싸늘하네요"부터 알 수 있듯이 소리 구사가 담백하게 시작된다. 안그래도 뺄래야 뺄 게 없는, 불필요함을 찾기 힘든 게 이찬원 발성인데 여기에 더욱 담백하고 깔끔한 소리를 내고 있다. 고음으로 절정을 토해내는 1:17부터 1:25 "당신과 함께 있다면/내 인생은 주연일 거야" 정도가 뜨겁다면 뜨거운 부분일 뿐.

그만큼 이제 이찬원은 온갖 불필요함을 뺀 '소리의 경제성'을 자유로이 구사하는 대가의 반열에 들어섰다고 해도 과언이 아니다. 이 곡에서도 이찬원은 노래를 참 쉽게 부른다.

1Hz는 강주원, 129 등 여러 이름으로 저작권협회에 등록된 작곡가로 크래비티, 빅톤, 업텐션, 장우영 등과 작업했다.

비토(이창현)는 보이그룹 '업텐션'의 멤버로 어린 시절부터 각종 댄스경연에서 춤 실력으로 재능을 인정받았다. 작사와 작곡에도 관심이 많은데, 〈명작〉도 그의 재능을 엿볼 수 있는 곡이다.

또다른 공동 작곡가 'Wietune'은 여재민, 누구(NUGU) 등의 이름으로 저작권협회에 등록된 음악인이다. 박서진, 홍지윤, 제이세라 등 여러 가수의 편곡 작업에 참여했다.

베이스를 연주한 이명철은 동아방송예술대(실용음악과) 출신으로 몬스타엑스, 자이언티, 에릭남, 식케이, 아스트로, 하성운, 세정 등 많은 가수를 세션했다.

◆ 명작

비가 오고 봄바람이 싸늘하네요
지나가는 내 기억도 흘러가네요
두 번 다시 오지 않을 우리의 봄날
이젠 스쳐 가고 있죠
살다 보면 언젠가는 마주칠까요
행복했던 추억으로 간직될까요
흠뻑 젖은 이 마음을 어찌할까요
나에게 답을 주세요
내 인생에 아무것도 무섭지 않던
단단한 사랑인 걸요
저 하늘에 빛이 나는 별들 아래서
다시 고백할게요
당신과 함께 있다면
내 인생은 주연일 거야
하루하루 명작을 써내려 가요
내 사랑 사랑 그대여
그대 떠난 새벽 날은 어둑하군요
지저귀는 새소리도 하나 없어요

떠나가는 그댈 알고 그런가 봐요
그대 어디로 갔나요
어두워진 밤하늘을 바라보면서
밤 구름에 가린 달이 그대 같군요
보이지 않는 저 달을 보고 있다면
나를 떠올려 주세요
내 인생에 아무것도 무섭지 않던
단단한 사랑인 걸요
저 하늘에 빛이 나는 별들 아래서
다시 고백할게요
당신과 함께 있다면
내 인생은 주연일 거야
하루하루 명작을 써내려 가요
내 사랑 사랑 그대여
우리 둘이서 끝내 명작을 써요
영원한 사랑 그대여

OST 같은 '초반 임팩트' 강조한 작법, 작사가는 고성진 감독 아들

작사 윤고은 · KHAI · PUNCH / 작곡 고성진 · PUNCH
/ 노경환(기타) / 이태윤(베이스) / 장혁(드럼) / 고성진(키보드)
/ 최준화(피아노 · 스트링 · 브라스) / 김수환(색소폰) / 김현아(코러스)

2023년 2월 20일 발매한 정규 1집 [ONE] 수록곡. 발매 이래 꾸준히 사랑받으며 2024년 1월 29일 기준 400만 클릭을 돌파했다.

"바람 같은 사람아/그리움 남기고 떠난 사람아"라고 노래가 시작될 때부터 이찬원의 열창이 가슴을 파고든다. 여기에서도 알 수 있듯이 〈바람 같은 사람〉은 초반부터 고음으로 임팩트 강하게 노래를 시작하는 게 특징이다. 이런 방식은 드라마 OST에서도 종종 볼 수 있는 것이기도 하며 고성진 작곡가가 이끄는 그룹 '플라워'의 곡에서도 이런 스타일의 진행을 엿볼 수 있기도 하다.

이 곡은 색소폰 솔로가 특유의 애절한 시정을 더한다.

색소폰 세션은 김수환이 맡았다. 이 곡을 쓴 고성진 작곡가에 의하면 김수환 색소포니스트는 아버지도 색소폰을 연주한 2대째 색소폰 집안이라고 한다. 그가 세션한 다른 곡들에서도 알 수 있듯이 색소폰 감성이 눈에 띄는 게 결코 우연이 아닌 것이다.

가사를 쓴 윤고은(고윤)은 고성진 작곡가의 아들이다. 대학에서 문예창작학을 전공하고 본격 곡쓰기 활동을 하고 있다. 이찬원의 〈바람 같은 사람〉 외에 〈풍등〉, 〈트위스트 고고〉, 〈사나이 청춘〉, 그리고 김희재 〈꽃피는 사랑

노래〉등을 작사했다.

공동 작사·작곡가인 PUNCH는 1973년생으로 고성진 감독과 장윤정 〈별〉, 김정민 〈미치도록 그립다〉 등 여러 곡을 작업했다.

고성진 작곡가가 이미 기타 파트의 멜로디를 다 짜 놓은 상태였다. 그래서 세션 기타는 악보를 보며 그대로 연주하는 방식으로 진행됐다.

◆ 바람 같은 사람

바람 같은 사람아
그리움 남기고 떠난 사람아
떠나지 말라고 애원을 해봐도
뒤도 한 번 보지 않고 떠난 사
람아 (떠난 사람아)
해바라기 볕을 쫓아 바라보듯이
당신만 보고 있네요
꿈에서라도 한 번만
볼 수 있다면
가버린 너에게
내 마음 전할 텐데
그럴 텐데
바람, 바람, 잡을 수 없는 바람
잊지 못하는 내가 싫어요
바람 같은 사람아
그리움 남기고 떠난 사람아
떠나지 말라고 애원을 해봐도
뒤도 한 번 보지 않고

떠난 사람아 (떠난 사람아)
해바라기 볕을 쫓아 바라보듯이
당신만 보고 있네요
꿈에서라도 한 번만
볼 수 있다면
가버린 너에게
내 마음 전할 텐데
그럴 텐데
바람, 바람, 잡을 수 없는 바람
잊지 못하는 내가 싫어요
바람, 바람, 잡을 수 없는 바람
당신만을 사랑한 내가 미워요

♦ 밥 한번 먹자 ♦

지역 축제 무대서 오프닝으로 즐겨 사용

작사 박종근 / 작곡 오승은
/ 허남진(기타) / 이준현(베이스) / 고중원(드럼)
/ 오승은(피아노 · 신시사이저) / 김찬영(색소폰) / 박종근, 엄지현(코러스)

정규 1집 [ONE] 수록.

2023년 2월 20일 이찬원 공식 유튜브 채널에 공개된 〈밥 한 번 먹자〉음원 영상은 2023년 7월 200만 뷰를 넘어섰고 2024년 6월 7일 기준 조회수 400만 뷰를 돌파했다.

2023년 4월 7일 KBS '편스토랑'에서 이찬원은 집안일을 하며 노동요로 정규 1집에 수록곡을 메들리로 불렀다. 노래를 듣던 '한해'가 못 들어본 노래라고 하자 이찬원은 "이 노래 지금 최근 멜론 차트에서 1위하고 난리난 노래"라고 했고 붐은 "차트인 됐어?"라고 물었다. 그러자 이찬원은 웃으면서 자신의 곡이라고 말하며 귀여운 방식으로 살짝 신곡 홍보를 하기도 했다.

이찬원은 지역 축제 무대에서 오프닝으로 이 곡을 부르며 객석의 흥을 돋기도 했다. '2023 DB손해보험 연도상 시상식'에서도 이찬원은 오프닝 곡으로 〈밥 한번 먹자〉를 선택했다. 바쁜 일상에서 이젠 "조만간 꼭 보도록 하자"라는 말이 일상어처럼 됐다. 정확한 날짜 대신 '조만간'이란 말로 인사치레 하듯 하는 세태에서 이 곡은 "사는 게 뭐 별거 있더냐/밥 한번 먹자/시간 내서 얼굴 좀 보자"라며 마주보는 의미를 되뇌게 한다.

〈밥 한번 먹자〉 작사가 박종근(Jacob)은 민해경의 2013년 정규 17집 [Balance] 총괄 프로듀서로 유명하며 이외에

황치열, 양지은, 조명섭, 김바다, 이루, 고유진, 배기성 등 여러 가수와 작업했다.

작곡가 오승은은 작곡뿐 아니라 박서진, 윙크, 백아현, 산들(B1A4), 윤보미, 은가은, 화요비, 육성재(BTOB), 려욱(슈퍼주니어), 영준(브라운아이드소울), 인순이, 정동하 등 많은 가수의 곡을 작업한 편곡자로도 유명하다.

드러머 고중원은 패티김, 현미, 임재범, 바비킴, 마야, 임창정, 송골매, 태진아, 송대관, 설운도, 신효범, 조항조, 양수경, 박현빈, 에일리 등 많은 가수를 세션했다. '솔약국집 아들들'과 '조강지처 클럽' 드라마 OST에도 참여했고 2012년 임재범 미국 투어를 비롯해 이루 인도네시아 공연 세션도 함께했다.

◆ 밥 한번 먹자

얼굴 보고 밥 한번 먹자
(라랄랄-랄랄라, 하)
잘 살고 못 사는 게 답이 있더냐?
하루하루가 선물인 것을
가지 말라고 붙잡아 봐도
세월 앞에 장사 있더냐?
서운했던 일, 속상했던 일
모두 잊어버리고
도담도담 살아온 인생
사는 게 뭐 별거 있더냐?
(랄랄랄라, 하)
밥 한번 먹자, 밥 한번 먹자
시간 내서 얼굴 좀 보자
보고 싶구나, 나의 친구야
얼굴 보고 밥 한번 먹자
(라랄랄-랄랄라, 하)
잘나고 못난 사람 따로 있더냐?

함께 사는 게 인생인 것을
가지 말라고 붙잡아 봐도
시간은 저만치 가더라
사랑 때문에 가슴 아파도
모두 잊어버리고
도란도란 정을 나누면
밤이 새도 모르는 것을
(랄랄랄라, 하)
밥 한번 먹자, 밥 한번 먹자
시간 내서 얼굴 좀 보자
보고 싶구나, 나의 친구야
얼굴 보고 밥 한번 먹자
보고 싶구나, 나의 친구야
얼굴 보고 밥 한번 먹자
(라랄랄-랄랄라, 하)

♦ 사나이 청춘 ♦

모임 마치고 아내와 집으로 가던 중 멜로디 영감 얻어 작곡

작사 윤고은·KHAI·PUNCH / 작곡 고성진·PUNCH
/ 권한얼(기타) / 이태윤(베이스) / 장혁(드럼) / 고성진(키보드)
/ 최준화(피아노·스트링·브라스) / 김수환(색소폰) / 김현아(코러스)

정규 1집 [ONE] 수록곡.

리드미컬한 브라스 사운드와 누구나 한번 들으면 따라
부를 수 있는 쉬운 멜로디, 그리고 이찬원의 위트 있는 노
래 표현으로 즐겁게 들을 수 있는 곡이다.

작곡가 고성진은 모임을 마치고 아내와 집으로 돌아오던 중 차 안에서 불현듯 악상이 떠올라 만든 게 바로 이 곡이다. 〈사나이 청춘〉은 정규 1집 수록곡 중 가장 빠르게 완성한 트랙이다.

고성진 감독은 필자에게 이렇게 말했다.

"각 지역행사를 갈 때마다 해당 지역에 맞는 스토리가 있으면 좋겠다고 생각했어요. 이 지역에 가면 이 지역 사나이 이야기를 했으면 좋겠고 또 저 지역에 가면 저 지역 사나이 얘기를 하고. 이런 걸 염두에 두고 쓴 곡입니다. 그래서 1절은 경상도와 전라도 사나이, 2절은 충청도와 강원도 사나이를 노래하고 있는 겁니다."

이 말에서 알 수 있듯이 〈사나이 청춘〉은 '마음이 뜨거운' 경상도 사나이로 시작해 '끼쟁이 남자', '순정남' 전라도 사나이, '느리게 보이지만 언제나 일등' 충청도 사나이, '열정 넘치는' 강원도 사나이 등 전국의 사나이를 노래한다.

실제로 이찬원은 2023년 5월 곡성 세계 장미축제에서 〈사나이 청춘〉의 가사 중 전라도 사나이 편에서 '장미만큼 잘생긴 곡성 사나이'로 개사해 부르는 등 지역에 맞게 위트를 발휘하고 있다.

〈사나이 청춘〉 음원 영상은 2023년 7월 14일 200만 뷰를 돌파했고 10월 27일 300만 뷰에 이어 2024년 4월 17일 400만 뷰를 넘어섰다.

◆ 사나이 청춘

나는 나는 사나이, 경상도 사나이

표현은 잘 못해도 맘은 뜨거운

경상도 사나이

나는 나는 사나이, 전라도 사나이

끼쟁이 남자지만 맘은 순정남

전라도 사나이

어디라도 달려간다 휘파람 불며

꿈 찾아, 사랑을 찾아

돈도 좋지만 (헤이!)

명예도 좋지만 (헤이!)

그것보다 당신이 먼저

워어어어, 세월아 멈춰라, 내가 간다

불타는 정열로

사랑을 찾아가는 이내 마음은

언제나 사나이 청춘

나는 나는 사나이, 충청도 사나이

느리게 보이지만 언제나 일등

충청도 사나이

나는 나는 사나이, 강원도 사나이

수줍음은 많지만 열정 넘치는

강원도 사나이

어디라도 달려간다 휘파람 불며

꿈 찾아, 사랑을 찾아

돈도 좋지만 (헤이!)

명예도 좋지만 (헤이!)

그것보다 당신이 먼저

워어어어, 세월아 멈춰라, 내가 간다

불타는 정열로

사랑을 찾아가는 이내 마음은

언제나 사나이 청춘

사랑을 찾아가는 이내 마음은

언제나 사나이 청춘

사나이 청춘

인생이란 복잡함을 표현하고자 전혀 다른 작곡 방식 추구

작사·작곡 알고보니 혼수상태
/ 이성열(기타) / 이한결(베이스) / 임정민(드럼)
/ 융스트링(스트링) / 김현아(코러스)

2020년 5월 28일 MBC 드라마 '꼰대인턴' OST로 발매
됐다.

사랑도 마찬가지 인간관계도 마찬가지. 〈시절인연〉이
노래하는 이런 내용은, 직장인의 애환과 스토리를 다룬

'꼰대인턴'이란 MBC 수목 미니시리즈의 취지에도 너무 잘 맞았다. 이렇게 해서 이 곡은 박해진(가열찬 역), 김응수(이만식 역) 주연의 '꼰대인턴' 주제곡으로 삽입되며 폭발적인 인기를 얻었다.

"명곡은 오랜 시간 고민하는 고통의 산물이 아니라 어느 날 선물처럼 온다"는 말처럼 알고보니 혼수상태는 이 곡을 불과 10분 만에 썼다.

TV조선 '미스터트롯' 경연에서 〈찐이야〉란 곡이 많은 사랑을 받던 때였다. 많은 사람이 축하해주었지만, 일부에선 알고보니 혼수상태를 시샘하고 상처 주려고 했다. 이처럼 〈시절인연〉은 알고보니 혼수상태가 주변 사람들로부터 상처를 많이 받으며 심적으로 가장 힘들던 시절에 쓴 곡이다. "사람을 더 이상 믿지 못하겠다. 이젠 누굴 믿어야 하지?"라고 되뇌며 "모든 오고 감엔 때가 있다"는 심정을 담았다.

이 곡 작사·작곡자인 알고보니(김지환), 혼수상태(김경범) 두 사람과의 인터뷰를 통해 곡이 나오게 된 배경을 들어봤다.

"OST는 영화나 드라마의 특정 장면에 삽입되는 특성상 너무 강렬해도 안 됩니다. 그런데 찬원이는 〈시절인연〉에서 너무 강하지도 너무 약하지도 않은 중간지점을 적절하게 노래로 연출했습니다."

이러한 마음을 곡에 담기 위해 작곡 방식도 전혀 다르게 접근했다.

곡 구성, 즉 '송 폼(Song Form)'은 A-B-C, 즉 벌스가 있으면 후렴으로 가고 후렴에서 끝나야 하는 방식이 가장 일반적이다. 그러나 〈시절인연〉은 이러한 일반론을 탈피한 구성으로 작업했다. A에서 B, C로 가는 게 아니라 A파트가 다시 돌아오는 '흔치 않은' 형태다.

이렇게 작곡한 이유는, 인생에 대해 그리고 인생을 담은 곡이 〈시절인연〉이니만큼 이 곡 자체에서 인생을 표현하고 싶었기 때문이다. 그래서 뻔한 형식과 틀에 얽매이지 않고, 3분가량의 러닝타임에 인생이라는 다양한 파노라마를 담으려 했다.

'시절 인연~' 하고 노래하며 무언가 끌어내는 감동 포인트 하나하나는 음반에서 잘 사용하지 않는 방식이다. 음반에선 인트로와 벌스 후렴 등 A-B-C라는 전형적인 구성으로 가게 돼 있다. 물론 경연 프로 등에서 좀 더 임팩트를 주기 위해 지르는 부분을 만들어 넣는 등 편곡을 달리하기도 하지만. 그러나 음반에선 안정적인 송폼을 채택하는 게 관행이다. 그러나 〈시절인연〉에선 인생의 온갖 형태를 담다 보니 관행적인 송폼을 따르기엔 너무 제약이 많았다. 내 인생에선 울분을 토하고 싶을 때도 있고 등등 이런 다양한 감정선을 자유롭게 표현하기 위해 송폼을 다르게 하게 된 것이다.

이러한 작곡 방식은 알고보니 혼수상태로서도 처음 시도하는 것이다.

이처럼 관행적이지 않은 곡 구성임에도 이 곡을 처음 접한 이찬원의 반응은 남달랐다.

당시 이찬원은 '미스터트롯' 경연이 끝나고 유명세를 치르기 시작했다. 그래서 서울로 올라와 혼자 지냈는데, 오랫동안 함께 살던 가족과 떨어져 있다 보니 외로움도 컸다. 특히 자신의 가장 큰 아군이자 든든한 서포터(지원자)인 어머니와 떨어져 지내는 게 가장 힘들었다. 어쩌면 이찬원 또한 심적으로 가장 힘든 시절에 만난 곡이 바로 〈시절인연〉인 셈이다.

알고보니 혼수상태에 의하면, 이찬원은 이 곡을 받아든 순간 (감동으로) 마음이 울컥하며 어머니에게 가장 먼저 〈시절인연〉 데모곡을 들려줬다. 데모곡을 접한 순간 어머니도 너무 마음에 들어하며 "찬원아, 이 곡은 반드시 네가 불러야 한다"고 권했다고 한다.

무려 1285곡(2024년 4월 기준)을 쓴 알고보니 혼수상태 사상 재녹음을 한 예는 극히 적다. 그러나 〈시절인연〉은 재녹음을 하며, 예상보다 작업시간이 오래 걸렸다. 여기엔 이찬원의 완벽주의도 한몫한다.

〈시절인연〉 첫 녹음이 끝나고 알고보니 혼수상태는 "이 정도면 괜찮다"고 생각했다. 그러나 이찬원은 곡을 더 잘 불러야겠다는 의지가 너무 강해 다시 녹음하고 싶다고 말했다. 당시 이찬원은 화제의 인물로 급부상하며 스케줄도 많아 무척 바빴다. 그럼에도 다시 녹음하고 싶어 할 만큼 곡에 대한 열의가 대단했던 것이다. 무엇보다 〈시절인연〉 은 그의 첫 공식 싱글이기도 하므로.

이찬원이 재녹음을 원했던 건 감정선 때문이었다. 첫 번째 녹음에선 자신이 원하는 수준만큼 감정 표현이 좋았다고 생각하지 않은 것이다. 결국 두 번째 녹음에 돌입했고, 이찬원의 생각대로 첫 녹음보다 감정이 더욱 짙은 결과물로 나왔다.

"이찬원은 편안하게 부르다가도 감정이 올라올 때 그걸 확실하게 표현하는 역량이 남다릅니다. 두 번째 녹음에선 확실히 감정선이 더욱 깊어졌던 것 같아요. 아무리 바빠도 자신이 하고자 하는 일엔 확실하게 매듭지으려 하는 이찬원의 성실성, 의지를 보여주는 좋은 사례라고 봅니다."

〈시절인연〉은 이후 안성훈, 홍지윤, 은가은, 홍서범, 김산하, 복지은 등등 많은 가수가 커버할 만큼 유명곡으로 자리했다. 이에 대해 알고보니 혼수상태는 "진심을 담아 곡을 쓰면 결국 그 피드백은 오게 된다는 걸 깨닫게 된 계기였다"고 필자에게 감회를 밝혔다.

〈시절인연〉을 커버한 대표곡 몇 개를 소개하면 다음과 같다.

2021년 8월 20일 방송된 TV조선 '땡큐 콘서트'에서 홍지윤은 간드러진 꺾기와 파워풀 가창이 함께하는 정통 트로트 방식으로 이 곡을 열창했다.

2022년 8월 1일 방송된 SBS '더 트롯쇼'에서 은가은은 매우 여리게 노래하며 후반으로 가면서 원곡과 달리 템포를 여러 차례 바꿔가며 자신만의 감정을 담아내려는 게 눈에 띈다.

2022년 8월 30일 방송된 TV조선 '화요일은 밤이 좋아'에서 김다현은 혀에 힘이 많이 들어간 상태로 센 발음으로 노래를 시작하며 감정 연출을 강렬하게 하고 있다. 중반으로 가면서 이 어린 소녀가 벌써 디바로 가고 있다는 생각이 들 만큼 열창을 보여준다. '어린 호랑이'라고 하는 이유가 있는 것이다.

2023년 2월 23일 방송된 TV조선 '미스터트롯2'에서 안성훈은 짙은 트로트 감성으로 전형적인 열창형 타입으로 노래하고 있다.

2023년 12월 19일 방송된 MBN '현역가왕'에서 김산하는 살짝 국악 뉘앙스가 깃든 톤으로 차분하게 시작해 후반으로 가며 각혈하듯 온몸을 쥐어짜는 열창을 선보였다.

2024년 5월 4일 방송된 '불후의명곡2'에서 홍서범은 감정을 아끼듯 잔잔하지만, 여백이 있는 노련함으로 진행했다. 그간 홍서범이 부른 많은 곡 중에서도 단연 몇 손가락에 꼽을 만한 열연이다. 홍서범이 이렇게 진지하고 묵직한 가수였던가 하는 생각이 들 만큼.

2023년 12월 21일 방송된 TV조선 '미스트롯3'에서 진혜언은 단아하지만 단호함이 엿보이게 노래하고 있으며, 2024년 4월 29일 방송된 SBS '더 트롯쇼'에서 복지은은 이전까지 노래했던 그 어떤 가수들과 달리 원곡의 트로트 접근을 피하고 팝적인 면을 강조한 가창을 선보였다. 후반부의 오페라를 연상케 하는 초고음 엔딩은 성악전공자답게 멋지고 세련된 반전이다.

◆ 시절인연

사람이 떠나간다고
그대여 울지 마세요
오고 감 때가 있으니
미련일랑 두지 마세요
좋았던 날 생각을 하고
고마운 맘 간직을 하며
아아아 살아가야지
바람처럼 물처럼
가는 인연 잡지를 말고
오는 인연 막지 마세요
때가 되면 찾아올 거야
새로운 시절인연
친구가 멀어진다고
그대여 울지 마세요
영원한 것은 없으니
이별에도 웃어주세요
좋았던 날 생각을 하고
고마운 맘 간직을 하며

아아아 살아가야지
바람처럼 물처럼
가는 인연 잡지를 말고
오는 인연 막지 마세요
때가 되면 찾아올 거야
새로운 시절인연
새로운 시절인연
사람이 떠나간다고
그대여 울지 마세요

정규앨범 수록곡 중 가장 오랜 시간 걸려 완성

작사 이찬원 · KHAI · PUNCH / 작곡 이찬원 · 고성진 · PUNCH
/ 윤재원(기타) / 이태윤(베이스) / 장혁(드럼) / 고성진(키보드)
/ 최준화(피아노 · 스트링) / 김수환(색소폰) / 김현아(코러스)

이찬원의 대표적인 '팬송'이 〈오.내.언.사〉다.

"오늘도 내일도 언제나 사랑합니다"의 줄임말인
'오.내.언.사'는 팬들과 소통할 때 사용하는 말이다. 이찬원
이 작사와 작곡에 참여해 그 의미를 더했다.

정규 1집 [ONE] 프로듀싱을 총괄한 고성진 음악감독은 필자와의 인터뷰에서 앨범 작업하며 가장 많은 고민과 오랜 시간이 걸려 완성한 곡이 〈오.내.언.사〉라고 했다. 팬송인 만큼 정해진 러닝타임에 진심과 사랑 등 많은 걸 담아야 했기 때문이다.

　"복사꽃 피어나는 달콤한 날에/사랑으로 다가온 당신"부터 "힘들고 지쳐 쓰러지고 싶을 때 나의 손을 잡아주었고" 등 노랫말 하나하나에서 팬들에 대한 깊은 사랑과 믿음이 느껴진다.

　이 곡에서 이찬원의 가창은 중후함과 격조가 깃들어 있으며 달콤하기까지 하다. 여러 느낌을 이렇게 감성적으로 탁월하게 표현할 수 있다는 게 그의 최대 강점 중 하나로 왜 그가 젊은 세대 트로트 가수 중 TOP인지 증명해주는 것이기도 하다.

　'팬송'이지만 전체보다는 마치 한 사람의 얼굴을 지그시

보며 건네는 듯 따뜻하고 사랑스럽게 노래하는 방식을 취하고 있다. 그래서 더 정감이 있고 감성적으로 다가온다. 뿐만 아니라 시종 격조 있게 노래하는 것도 돋보인다. 이렇게 달콤하고 진정성 있게 진행되는, 품격 있는 팬송을 만나는 것도 쉽지 않다.

〈오.내.언.사〉는 2023년 5월 29일 300만 뷰를 돌파했고, 7월 24일 400만 뷰, 9월 20일 500만, 12월 600만 뷰에 이어 2024년 3월 700만, 6월 20일엔 800만 스트리밍을 넘어섰다.

◆ 오.내.언.사

복사꽃 피어나는 달콤한 날에
사랑으로 다가온 당신
그댄 나에게 힘이 돼주고
아픔을 다 잊게 해줬죠
사랑을 잊고 살던 메마른 날에
행복으로 다가온 당신
기억할게요 당신의 사랑
가슴 깊이 간직할게요
힘들고 지쳐 쓰러지고 싶을 때
나의 손을 잡아주었고
슬프고 고단함에 맘이 힘들 때
나의 눈물 닦아주었죠
워어, 사랑스러워 (CHAN's),
사랑스러워 (CHAN's)
나를 보는 당신의 얼굴이
(오내언사)
워어, 사랑스러워 (CHAN's),

사랑스러워 (CHAN's)
오내언사 영원한 내 사람
사랑을 잊고 살던 메마른 날에
행복으로 다가온 당신
기억할게요 당신의 사랑
가슴 깊이 간직할게요
힘들고 지쳐 쓰러지고 싶을 때
나의 손을 잡아주었고
슬프고 고단함에 맘이 힘들 때
나의 눈물 닦아주었죠
워어, 사랑스러워 (CHAN's),
사랑스러워 (CHAN's)
나를 보는 당신의 얼굴이
(오내언사)
워어, 사랑스러워 (CHAN's),
사랑스러워 (CHAN's)
오내언사 영원한 내 사람

사랑스러워 (CHAN's),

사랑스러워 (CHAN's)

나를 보는 당신의 얼굴이

(오내언사)

워어, 사랑스러워 (CHAN's),

사랑스러워 (CHAN's)

오내언사 영원한 내 사람

오내언사 영원한 내 사람

연주곡으로 만들고자 기타에 어울리는 코드 찾는 작업이 힘들어

편곡 고성진 · PUNCH · 권한얼

　정규 1집 [ONE]에 수록된 〈오.내.언.사〉의 인스트루멘
틀(기타 연주곡) 버전이다. 팬들을 위한 노래. 공연 때 엔딩
곡의 의미로 더 느린 버전으로 가볍게 만들어보자고 해서
제작하게 됐다.

〈오.내.언.사〉는 팬들과 소통할 때 "오늘도 내일도 언제나 사랑합니다"라는 줄임말로 이찬원이 곡 작업에 참여해 또다른 재능을 보인 작품이다. 노래가 있는 버전과 기타 연주곡 등 두 개의 버전으로 선보였는데, 노래가 있는 버전은 워낙 많이 유통돼 이 책에선 연주곡 버전이 만들어지게 된 비하인드 스토리를, 연주한 당사자인 악뮤(AKMU)와 에이티즈(ATEEZ) 투어밴드 기타리스트 권한얼 인터뷰를 통해 알아봤다.

이찬원 정규 1집을 총괄한 고성진 음악감독은 수록곡에 어울릴 세션 기타리스트를 찾고 있었다. 그러던 중 권한얼의 유튜브를 보고 고성진 감독이 같이 작업해보고 싶다고 연락하며 권한얼은 정규 1집의 4곡에 참여했다.

권한얼은 〈사나이 청춘〉, 〈건배〉, 〈풍등〉, 〈오.네.언.사〉 등 4곡을 세션했는데, 그중 가장 힘들게 작업한 곡으로 〈오.네.언.사〉를 꼽았다. 노래가 있는 곡을 기타 연주곡으로 비꾸는 과정에서 신경 쓸 일이 많았기 때문이다.

"<오.네.언.사>는 이미 코드가 정해져 있었으므로, 녹음하면서 어떤 코드가 좋을지 염두에 두며 코드보이싱에 변화를 주는 방식으로 기타 버전을 만들었습니다. 기타음악으로 표현하려다보니 기타에 좀 더 잘 어울리는 코드를 찾게 됐고 이런 식으로 연주곡에 적용하려고 했습니다."

"고성진 감독님은 한 트랙에 기타를 여러 겹 많이 쌓는 방식을 좋아하지 않으셨어요. 좀 더 쌓으려고 하면 '더 안 쳐도 될 것 같다'고 하셨죠. 노래가 있는 버전을 들으며 화음과 멜로디 부분도 코드보이싱과 균형을 이룰 수 있도록 살짝 변형을 가하는 쪽에 중점을 두며 작업했습니다."

권한얼은 이 곡을 '엄태창 150호' 나일론 기타로 연주했다. 이 기타는 그가 서울예대 재학 시절부터 10년 넘게 사용할 만큼 애용하는 악기다. 권한얼의 나일론 기타 레코딩 세션은 모두 이 기타를 사용한 것이다. 권한얼은 평소 엄태창 기타 소리가 예쁘다고 여겨 타 브랜드 기타에 비해 이 모델을 선호한다. 이 기타 연주곡에서도 엄태창 기타의 이러한 장점을 살린 톤을 구사하려고 했다.

셔플 리듬과 휘파람까지 '즐거운 분위기'란 이런 것

작사 연규성·이도원·에르고 / 작곡 연규성·혜가서
/ 김민규(기타) / DZELL(베이스) / 박준호(드럼) / 정성은(피아노)
/ 김영재(스트링) / 김현아(코러스) / 연규성(휘슬)

정규 1집 [ONE] 수록곡으로, 음원은 2023년 12월 2일
300만 뷰에 이어 2024년 9월 6일 400만 뷰를 돌파했다.

이 곡은 사랑하는 사람을 향한 무한 사랑을 셔플 리듬으
로 경쾌하게 표현했다. 곡 중반의 휘파람 삽입도 곡의 밝

고 즐거운 분위기와 잘 어울린다. 낙천적이며 즐거운 분위기의 곡이란 바로 이런 거라고 말해도 좋을 것 같다.

3연 리듬, 즉 셔플의 의미를 생각하며 이 곡을 들으면 그 재미를 더할 수 있다. 셔플은 3이라는 홀박, 즉 정박이 아니라 엇박이라 리듬을 더욱 역동적이고 다양하게 변화시킬 수 있다. 이 곡만 해도 그렇다.

예를 들어 "좋아 좋아 좋아 좋아 당신이 최고야"는 '좋아 좋아', '좋아 좋아', '당신이 최고야' 3개로 나눠 리듬을 경쾌하게 타는 가운데 노래하고 있다. 이외에 "비가 와도 좋아 눈이 와도 좋아 당신을 보면"도 이런 3개의 방식으로 나누는 느낌으로 리듬을 타고 있으며 이런 식의 진행으로 곡이 끝날 때까지 유지된다. 심지언 휘파람 소리까지 이런 패턴을 따르는 진행이라 경쾌함 속에서도 일관성 있게 흐르는 걸 알 수 있다.

셔플 박자는 다양한 리듬의 변형이 가능하므로 스윙재

즈는 물론 블루스록, 그리고 강력한 하드록 등 여러 장르에서 응용되고 있다. 특히 여러 명의 연주자들이 형식에 얽메이지 않고 즉흥적으로 잼을 벌일 때 이러한 셔플 비트를 많이 사용한다.

연규성 작곡가와 이 곡을 공동 작곡한 혜가서는 거미, 포맨, 노을, 제이세라, 이주혁 등의 곡을 썼다.

에르고는 백일하, 양영준, Glowy, 2% 등 여러 이름으로 저작권협회에 등록된 작사가이자 대진대학교 콘서바토리 교수(음악학)로 제이세라, 은가은, 벤티 등 여러 가수와 작업했다.

◆ 좋아 좋아

좋아, 좋아, 좋아, 좋아

당신이 최고야

좋아, 좋아, 좋아, 좋아

당신이 제일 좋아

좋아, 좋아, 좋아, 좋아

당신이 최고야

이 세상에 단 한 사람 당신이

최고야

비가 와도 좋아,

눈이 와도 좋아, 당신을 보면

힘들어도 웃어,

마음 아파도 웃어, 당신 덕분에

오늘은 행복해, 내일은 기대돼,

당신 있기에

이 세상에 단 한 사람

당신 때문에

그댈 바라보는 내 눈빛이 언제

나 반짝여요

밤하늘의 별빛처럼

눈부시게 반짝이는

그대 그 눈빛을 보고 있으면

좋아, 좋아, 좋아, 좋아

당신이 최고야

좋아, 좋아, 좋아, 좋아

당신이 제일 좋아

좋아, 좋아, 좋아, 좋아

당신이 최고야

이 세상에 단 한 사람

당신이 최고야 (정말, 정말)

그댈 바라보는 내 가슴이

두근두근 떨려와요

당신의 환한 미소에 떨리는

이 마음은 이유가 없어요

좋아, 좋아, 좋아, 좋아

당신이 최고야

좋아, 좋아, 좋아, 좋아

당신이 제일 좋아

좋아, 좋아, 좋아, 좋아

당신이 최고야

이 세상에 단 한 사람

당신이 최고야

좋아, 좋아, 좋아, 좋아

당신이 최고야 (최고!)

이 세상에 단 한 사람

당신이 최고야

내 평생에 단 한 사람

당신이 최고야 (좋아, 좋아)

부드럽고 이쁜 톤, 트로트에서 한 단계 더 나아간

작사·작곡 이찬원·박종근·오승은
/ 유나팔(트럼펫) / 허남진(기타) / 이준현(베이스)
/ 고중원(드럼) / 박효진(피아노) / 오승은(신스) / 박종근(코러스)

2021년 12월 9일 발매한 디지털 싱글로 자신의 힘든 순
간에 힘이 되어준 팬들을 향한 사랑과 감사의 메시지를 담
은 '팬송'이다.

첫 싱글 〈편의점〉에 이어 불과 몇 개월 만에 직접 작사

와 작곡에 참여해 싱어송라이터로서의 진모를 보여준다.

트로트라기보다 사랑하는 사람에 대한 마음을 표현하는 러브송, 세레나데 같은 느낌의 작품인 만큼 이찬원은 이전과 달리 부드럽고 예쁜 톤으로 노래하고 있다. 이미 이때부터 이찬원은 어떠한 장르에서도 그에 맞게 톤을 능란하게 바꿀 줄 알았다.

또한 이 곡은 전통 트로트 뿐 아니라 달콤한 발라드 스타일에 이르기까지 다양한 장르를 원숙하게 소화할 수 있는 이찬원의 역량을 본격적으로 보여주는 초기 사례이기도 하다.

트럼펫을 멋지게 연주하고 있는 유나팔(유승철)은 집시 기타리스트 박주원 등 여러 연주자들과 함께 했고 뮤지컬 '모비딕' OST에도 참여했다.

기타 세션의 허남진은 전영록, 장민호, 토니안, 배기성,

성진우, 신유, 양지은, 박서진 등 많은 가수와 작업한 세션 연주자이자 한림연예예술고등학교 실용음악 학과장으로도 일했다.

2021년 12월 이찬원 유튜브 채널을 통해 공개된 〈참 좋은 날〉 음원 영상은 2022년 3월 31일 500만 뷰를 돌파했다. 그리고 2022년 11월 1100만에 이어 2023년 3월 9일 1300만, 11월 14일엔 1500만, 2024년 8월엔 1700만 뷰를 넘어서며 꾸준히 사랑받는 이찬원의 대표곡 중 하나로 자리하고 있다.

◆ 참 좋은 날

유난히 힘이 들던 날 꽃이 되어

별이 되어 내게로 다가온 당신

소리 내어 울고 싶던 날

운명처럼 연인처럼 내게 온 선물

그대 없인 나도 없었고

그대 있어 나도 있네요

꿈을 꾸듯 그대와 걸어갈게요

하늘까지 저 구름까지

참 좋은 날 그 어느 날

우리 만난 날

또 시련이 우릴 막을지라도

우리 밝게 빛날 그 날에 두 손

꼭 잡고 함께 걸어갈게요

우리 그렇게 약속해

그대 없인 숨 쉴 수 없고

그대 있어 내가 사네요

평생토록 그대만 지켜줄게요

해가 되어 저 달이 되어

참 좋은 날 그 어느 날

우리 만난 날

또 시련이 우릴 막을지라도

우리 밝게 빛날 그 날에 두 손

꼭 잡고 함께 걸어갈게요

우리 그렇게 약속해

수많은 계절들이

피고 또 저물어가도

그대만 영원히 내 사랑인 걸요

참 좋은 날 그 멋진 날

눈부신 그날에

가슴 아린 슬픔은

모두 잊어버려요

우리 함께 웃을 수 있게

그대 손 절대 놓치지 않을게요

내가 그댈 지킬게요

참 좋은 날입니다

이찬원의 역사적인 데뷔싱글, 매끄러운 진행+맛깔스런 가창

작사 사마천 / 작곡 홍진영
/ 홍준호(기타) / 이태윤(베이스) / 신석철(드럼)
/ 최태완(피아노) / 김현아(코러스)

2021년 8월 25일 발매한 이찬원의 첫 디지털 싱글로, 8월 31일 SBS '더쇼'에서 1위에 올랐다.

〈편의점〉은 동네에서 쉽게 볼 수 있는 편의점 라이프 스타일을 잘 반영했다. 특히 직장인의 고단한 하루를 가사에 너무 잘 담아낸 노래다.

"오늘 하루 길었다/퇴근길이 고되구나"부터 1:03 "우리 동네 편의점~"까지 파워풀한 중음과 멋스러운 꺾기에 이어 자연스럽게 올라가며 감정을 고조시키는 고음까지 이찬원의 특장점을 고루 접할 수 있다.

멜로디와 가사 모두 부자연스러움이라곤 전혀 없는 매끄러운 진행이다. 곡을 많이 써본 베테랑에게서 나올 수 있는 친근함이랄까. 물론 여기에 이찬원의 맛깔스러운 가창이 가장 크게 작용하고 있지만.

이찬원이 편의점 아르바이트, 아나운서, 트로트 가수 등 다채로운 모습으로 등장한 〈편의점〉 뮤직비디오는 2023년 1월 26일 900만 뷰에 이어 2024년 2월 9일 1100만 뷰를 돌파할 만큼 발매 이래 현재까지 꾸준한 인기를 얻고 있다.

이 곡의 인기로 이찬원은 GS25 CF모델로 발탁됐다.

작사가 사마천은 한국음악저작권협회에 사마천이란 이름 외에 강우경, 우강이란 이름으로도 등록돼 있다. 조항조, 장윤정, 서영은, 휘성, 소찬휘, 노을, 박상민, 금잔디, 유해준, 디케이소울, 유니, 코요태 등 많은 가수와 작업했다.

◆ 편의점

편의점에 들러야지

오늘 하루 길었다

퇴근길이 고되구나

맥주 한 캔 생각난다

편의점에 들러야지

밤새 환한 불빛 꺼지지 않는

날 반기는 저 간판

술이나 한잔하고 자야지

오늘도 고생 많았다

삼각김밥 라면 하나

사는 게 다 그런 거지

홀로 가는 내 인생 위로하네

우리 동네 편의점

편의점에 들러야지

사랑 땜에 외롭고

돈 때문에 힘이 들 때

소주 한 잔 생각난다

편의점에 들러야지

밤새 환한 불빛 꺼지지 않는

날 반기는 저 간판

술이나 한잔하고 자야지

오늘도 고생 많았다

삼각김밥 라면 하나

사는 게 다 그런 거지

홀로 가는 내 인생 위로하네

우리 동네 편의점

삼각김밥 라면 하나

사는 게 다 그런 거지

홀로 가는 내 인생 위로하네

우리 동네 편의점

홀로 가는 내 인생 위로하네

우리 동네 편의점

(편의점 편의점)

(우리 동네 편의점)

전통 트로트와 트렌드의 혼합, 더욱 노련해진 이찬원식 발성

작사 윤고은 · KHAI · PUNCH / 작곡 고성진 · PUNCH
/ 권한얼(기타) / 이태윤(베이스) / 장혁(드럼) / 고성진(키보드) / 최준화(피아
노 · 스트링 편곡) / 최준화, 김나형, 최현준, 강희현(스트링) / 김현아(코러스)

정규 1집 [ONE] 수록.

데뷔 싱글 〈편의점〉 발매 후 1년 반이란 짧은 시간 동안
보컬리스트로서 얼마만큼 성장했나 잘 알 수 있게 하는 곡
이다.

무엇보다 이찬원의 노련미, 깊이가 놀라울 정도로 업그레이드됐다. 이 책을 위해 여러 관계자들을 만날 때 이들 모두 입을 모아 했던 말이 "하나를 말하면 열을 보여준다"는 것이었는데, 그만큼 이찬원의 음악 해석력이 남다르다는 것이다. 이런 역량이 있기에 짧은 시간 동안 광속 발전을 할 수 있던 것이다.

〈풍등〉의 작곡가 고성진은 다른 수록곡보다 이 곡을 더 힘들게 작업했다고 필자에게 말했다. 전통 트로트와 트렌드를 믹스하는 것에 고민을 많이 했기 때문이다. 다행히 이찬원은 곡을 처음 받고 좋아했다고 한다.

고성진 작곡가는 이렇게 말했다.

"제가 가이드를 만들면 찬원이는 그걸 자기화시켜 즉석에서 탁월하게 노래해요. 이찬원은 귀가 너무 좋습니다. 얘기를 하면 금세 알아듣죠. 아이 때부터 트로트를 노래했기 때문이기도 합니다. 찬원이가 트로트를 노래한 지가

벌써 26, 28년이나 됐으니 나이만 20대일 뿐 이미 트로
트 가수로는 중견인 셈이죠. 그러니까 이러한 감성이 나
올 수 있는 겁니다."

연인들 사이의 아름다운 사랑 이야기를 '풍등'이란 독특
한 소재에 남은 뮤직비디오에서 이찬원은 한복을 입고 등
장해 눈길을 눈길을 끈다. 뮤직비디오는 2024년 6월 19
일 1100만 뷰를 돌파했다. 또한 합창단과 협연한 〈풍등〉
Choir 버전 뮤직비디오는 2024년 7월 27일 300만 뷰를 넘
어서는 등 시간이 지나도 이 곡에 대한 폭발적인 사랑을
보여주고 있다.

◆ 풍등

이젠 다 잊은 줄 알았죠
그대와 빌었던 소원도
계절이 흐르고 시간이 지나도
그대 내 곁에 있어달라고
타올랐던 순간은 꺼지고
천천히 떨어져 내리네
우리가 수놓던 예쁜 추억들
하늘은 알겠지요
날아가 버린 저 풍등 같은
내 사랑
다시는 볼 수 없는 사람아
두 눈 꼭 감고
손을 모아 보아도
만날 수 없는 내 사랑아
그대는 날 잊으셨나요
우리가 나눴던 기억도
찬바람 불어와 내 맘을 스쳐도
그대보다 아픈 건 없다고

눈을 감고 추억을 그려도
그대는 내겐 축복이죠
하지만 슬펐던 날이 떠올라
눈물이 떨어져요
날아가 버린 저 풍등 같은
내 사랑
다시는 볼 수 없는 사람아
두 눈 꼭 감고
손을 모아 보아도
만날 수 없는 내 사랑
찾지 못했죠 지나갈 운명이겠죠
작은 바람에도 흔들렸죠
두 눈 꼭 감고
손을 모아 보아도
잡을 수 없는 내 세월아
잊을 수 없는 내 사랑아

전통 트로트와 가까운 스타일 찾다가 트위스트 선택해 작곡

작사 윤고은 · KHAI · PUNCH / 작곡 고성진 · PUNCH
/ 노경환(기타) / 이태윤(베이스) / 장혁(드럼) / 고성진(키보드)
/ 최준화(피아노 · 스트링 · 브라스) / 김수환(색소폰) / 김현아(코러스)

정규 1집 [ONE] 수록.

"바람이 불고 햇살이 좋은 바다로 가볼까 푸른 물결 손
짓하며 부르네"라는 노래 초반 및 "떠나요 근심 걱정 모두
잊고서" 등의 가사에서 알 수 있듯이 여름날 여행의 설렘
과 즐거움을 빠른 템포의 트위스트 리듬으로 표현했다.

많은 스타일 중에서 트위스트 고고를 택한 이유에 대해 이 곡을 작곡한 고성진 감독은 이렇게 말했다.

"빠른 트로트라고 하면 요즘음엔 EDM 트로트 스타일이 주를 이룹니다. 그러나 저는 전통적인 트로트의 한 뿌리를 찾아서 빠른 진행을 해보고 싶었어요. 그래서 얻은 결론이 트위스트 고고입니다. 어떻게 하면 좀 더 전통 트로트와 가까울 수 있는 게 있을까 고민하다가 트위스트란 장르가 예전에 있기도 해서 이걸 사용한 것이죠. 전통과 레트로의 조합인 셈이죠."

드러머 장혁은 '미스터트롯1' 하우스밴드 멤버로 활동하며 TOP10에 오른 경연자들과 함께하는 시간이 많았다. "이때 이찬원은 눈여겨볼 만큼 노래를 잘했다"고 말했다. 이후 이찬원의 첫 정규앨범 [One]의 〈메밀꽃 필 무렵〉, 〈남자의 다짐〉, 〈사나이 청춘〉, 〈건배〉, 〈풍등〉, 〈바람 같은 사람〉, 〈트위스트 고고〉, 〈오.내.언.사〉 등 8곡을 드럼 세션했다.

    이찬원 정규앨범 녹음이 끝나고 음악감독 고성진은 장혁에게 "드럼 소리가 존 보냄(레드 제플린 출신의 전설적인 록 드러머) 같다"며 "(트로트에도) 잘 어울린다. 이처럼 드럼은 레인지가 커야 돼"라고 칭찬했다고 한다.

    장혁은 이찬원의 8곡을 드럼 세션하면서 〈트위스트 고고〉가 남다르게 다가왔다. 그는 록에 기초한 드러머다. 따라서 이 곡은 그가 가장 자신 있게 할 수 있는 로큰롤이라 연주하기도 편하고 그래서 더 자연스럽게 세션에 임할 수 있었다.

    일렉기타 연주로 포문을 여는 곡이지만 시종 기타의 볼륨은 다른 파트보다 작게 들리는 게 아쉬움으로 다가온다.

    이에 대해 기타를 세션한 노경환은 "녹음 현장에선 스태프들이 기타 밸런스를 크게 하고 듣기 때문에 이 정도면 됐다고 생각하고 작업했을 수도 있다"며 "이 곡은 스트링에 브라스 등 악기 편성도 화려하기 때문에 전체적인 밸런

스를 맞추고자 기타 볼륨을 작게 했는지도 모른다"고 말했다. 곡을 듣고 있으면 춤을 추고 싶단 생각이 들만큼 흥겨운 분위기라 세션 연주자 노경환도 엉덩이를 흔들며 서서 연주했다고 한다.

◆ 트위스트 고고

바람이 불고
햇살이 좋은 바다로 가볼까?
푸른 물결 손짓하며 부르네
(야야야야)

계곡도 좋고
강물도 좋은 산으로 가볼까?
사랑하는 당신과 나 둘이서
(함께, 함께)

트위스트, 트위스트 (고고)
추억 노래 들으며
우리들의 낭만여행 즐겨요
트위스트, 트위스트 (고고)
사랑 노래 들으며
배낭 메고 어디라도 갑시다
(고! 고! 고! 고!)
떠나요 (고!), 떠나요 (고!),
근심 걱정 모두 잊고서

우리 함께 춤을 추며 즐겨요
떠나요 (고!), 떠나요 (고!),
힘든 기억 모두 던지고
아름다운 사랑으로 채워 나가요

바람이 불고
햇살이 좋은 바다로 가볼까?
푸른 물결 손짓하며 부르네
(야야야야)

계곡도 좋고
강물도 좋은 산으로 가볼까?
사랑하는 당신과 나 둘이서
(함께, 함께)

트위스트, 트위스트 (고고)
추억 노래 들으며
우리들의 낭만여행 즐겨요
트위스트, 트위스트 (고고)
사랑 노래 들으며

배낭 메고 어디라도 갑시다

(고! 고! 고! 고!)

떠나요 (고!), 떠나요 (고!),

근심 걱정 모두 잊고서

우리 함께 춤을 추며 즐겨요

떠나요 (고!), 떠나요 (고!),

힘든 기억 모두 던지고

아름다운 사랑으로 채워 나가요

아름다운 사랑으로 채워 나가요

(트위스트, 트위스트)

(트위스트, 트위스트)

(트위스트)

인생 연륜 있어야 가능한 표현까지 가사에 잘 녹여

작사·작곡 이찬원
/ 권한얼(기타) / 이태윤(베이스) / 장혁(드럼) / 고성진(키보드)
/ 최준화(피아노·스트링) / 김현아(코러스)

미니 2집 [bright;燦]의 타이틀곡으로, 이찬원이 황혼기에서 이별을 맞이하는 어느 노부부의 인생 다큐멘터리를 보고 영감을 얻어 작사·작곡했다.

크레딧을 보지 않는다면 나이 든 중견 작사가가 노랫말

을 썼을 거라고 여길 수 있다. 표현 하나하나가 인생을 오래 살지 않고는 표현하기 힘든 문구를 자연스럽게 녹여내고 있기 때문이다. 이 정도면 이찬원의 감성은 이미 '애늙은이', '젊은 할배'라 해도 과언이 아니다.

"수없이 맞이했던 이별의 순간들/하고 또 해도 아픈 것이 이별인 것을"이나 "꽃이 피고 꽃이 지고 눈 내리고 눈이 녹고/행복한 세월이 아니었나", 그리고 "지나온 그 세월을 돌이켜보면/즐거운 인생 아니었나" 등 어떠한 억지도 없이 자연스럽게 이어지는 노랫말이다. 20대가 쓴 가사다. 과연 이찬원은 표현의 깊이와 노련함이란 점에서 '애늙은이'랄 수밖에.

정규 1집 프로듀싱을 총괄한 작곡가 고성진이 편곡 및 키보드 세션을 했다. 고성진 감독은 트로트와 발라드의 경계에 있는 느낌으로 〈하늘여행〉을 편곡했다.

고성진 감독은 이렇게 말했다.

"이찬원이 작사와 작곡을 했는데, 곡을 너무 잘 써서 놀랐어요. 멜로디에서 이미 어떤 느낌으로 하고 싶다고 자신의 의견을 보여주는 셈이죠. 따라서 그에 맞춰 편곡작업을 했습니다. 어떤 부분은 리듬을 살짝 빼고 피아노만 나오게 하고 또 어떤 부분에선…. 강약조절에 주안점을 두며 작업을 진행했는데, 이찬원은 노래하며 이러한 제 의도를 정확히 파악하고 불렀어요. 또 한 번 저를 놀라게 하는 순간이었습니다."

고성진 감독은 자기와 함께 작업하는 세션 연주자들을 믿고 모든 걸 맡기는 스타일이다. 그는 "네 맘대로 해, 알아서 해줘"라며 하고 싶은 대로 연주하라고 하는 것이다. 이 곡에 참여한 세션 연주자들도 이런 식으로 곡을 연주했다고 한다.

〈하늘 여행〉은 KBS2 '뮤직뱅크' 1위를 차지했다. 트로트 가수가 '뮤직뱅크'에서 1위를 차지한 건 2007년 강진의 〈땡벌〉 이후 17년 만의 일이라 화제를 모았다. 뿐만 아니라 이 곡은 MBC '쇼! 음악중심'에서도 1위에 올랐다.

2024년 4월 22일 이찬원 공식 유튜브 채널에 공개된 〈하늘 여행〉 뮤직비디오 스테레오 버전은 2024년 8월 29일 기준 100만 뷰를 넘어섰다. 노부부가 벚꽃이 핀 길을 걸으며 과거를 회상하는 뮤직비디오는, 부부의 젊은 시절부터 노년까지의 인생 여정 속에서 마지막 순간까지 사랑하는 사람과 함께 하고픈 간절함이 담겨 있다.

〈하늘 여행〉 뮤직비디오는 이찬원이 '미스터피자' 광고 촬영 때 인연을 맺은 박관익 감독이 촬영을 총괄했다. 박관익 감독은 포르쉐, NIKE 등 많은 유명 브랜드와 작업한 베테랑이다.

◆ 하늘여행

내 손을 잡아주세요

우리 함께 이 길을 걸어요

이 세상 떠나는 날까지

우리 함께 이 길을 걸어요

수없이 맞이했던 이별의 순간들

하고 또 해도 아픈 것이

이별인 것을

내 이별의 그 순간도 두렵겠지만

당신을 위해 살아가겠소

꽃이 피고 꽃이 지고 눈 내리고

눈이 녹고

행복한 세월이 아니었나

지나온 그 세월을 돌이켜보면

즐거운 인생 아니었나

따스한 바람이

우릴 맞이하는 날

함께 하늘 여행 떠나요

인생의 황혼길을 함께 하면서

인생의 마지막을 함께 하면서

지나온 그 세월을 뒤돌아보니

참으로 행복했었다네

해가 뜨고 해가 지고

비가 오고 비 개이고

행복한 세월이 아니었나

함께한 그 세월을 떠올려보면

황홀한 인생 아니었나

저 멀리 하늘이

우릴 함께 부를 때

우리 하늘 여행 떠나요

◆ 힘을 내세요 ◆

작곡가에게도 선물 같은 노래, 곡 작업 마치고 아이 태어나

작사 똘아이박 · 피터팬 / 작곡 똘아이박
/ 노경환(기타) / 이태윤(베이스) / 김기현, 신석철(드럼)
/ 박현중(피아노) / 김현아(코러스)

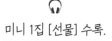

미니 1집 [선물] 수록.

    성인가요의 전형, 매력을 잘 보여주는 곡이다. 처음 접하는 순간 특유의 경쾌하고 구수한 맛의 진행으로 어디에서 많이 들어본 듯 친숙하게 다가온다.

〈힘을 내세요〉의 작사·작곡가 똘아이박(박현중)은 손담비, 백지영, 황치열, 조성모, 아스트로, 브레이브걸스, 초신성, 씨스타, 앤씨아, 몬스타엑스, 대국남아, 김필, 제시, 다이아, 유니스, 캐리와 친구들, 허각, 김희재 등 많은 가수와 일했다. 이 곡의 공동 작사가 피터팬은 똘아이박과 호흡을 맞추며 여러 곡을 함께 작업했다.

이 곡을 쓴 똘아이박 인터뷰를 통해 〈힘을 내세요〉 제작 비하인드 스토리를 알아봤다.

〈힘을 내세요〉는 코로나 시기에 쓴 곡이다. 그래서 어려운 시기에 국민들에게 용기와 위로를 주기 위해 곡 제목을 '힘을 내세요'로 정했다.

똘아이박은 오랫동안 하루에 1곡씩 작업하자는 걸 철칙으로 여길 만큼 쉬지 않고 일을 하는 성실함의 표본 같은 작곡가다. 이러다 보니 다양한 장르의 곡을 항상 100여 곡 이상 보유하고 있어, 의뢰가 올 때마다 이 중에서 그에 어울리는 노래를 찾아 해당 가수에 맞게 수정하는 형태로 작업을 했다.

이찬원 측으로부터 곡을 의뢰받을 때 똘아이박은 그에 어울리는 테마와 멜로디를 이미 써놓은 상태였다. 그게 바로 〈힘을 내세요〉다. 처음엔 각 연주 파트를 디지털로 찍었다. 그러나 이찬원 측에서 리얼(실제 악기)을 사용하면 더 좋을 것 같다고 해 세션 연주자를 동원해 악기 파트를 리얼로 새롭게 편곡 연주했다. 그랬다가 디지털로 찍은 것과 리얼 연주의 장점을 혼합해 사운드를 다시 편곡 작업했고 이렇게 3~4차례 편곡 작업을 수정해 완성됐다.

드럼 세션에 김진환, 신석철 두 명이 들어가 있는 것도 이런 이유다. 이 곡의 편곡자 김진환이 디지털로 드럼 파트를 찍었고 두 번째 수정에선 드러머 신석철이 실제 연주로 다시 입혔기 때문에 두 사람의 이름을 같이 넣은 것이다.

리얼 드럼을 사용하면 하이해트 소리 등 몇몇 부분의 매력이 잘 드러나므로 그만큼 공간감을 더 잘 살려준다는 장점이 있다. 그럼에도 세 번째 수정에서 디지털로 찍은 것과 리얼 연주의 장점을 혼합한 이유는 좀 더 댄서블한 경쾌함을 추구하기 위해서다. 좀 더 효과적인 그루브 연출을 위해 실연과 기기로 찍은 걸 혼합했던 것.

녹음 스튜디오에서 이찬원을 처음 만난 똘아이박은 이렇게 말했다.

"이찬원은 노래를 워낙 잘했습니다. 그런데도 저에게 '이렇게 불러볼게요'라고 하고 노래한 후에 다시 '그럼 이렇게도 불러볼게요'라며 자신이 생각하던 바를 노래했어요. 그런 식으로 몇 차례 불렀는데 부를 때마다 다 좋았습니다. 이미 이찬원은 가이드에 대한 숙지를 완벽하게 해왔기 때문에 작곡가로서 별다른 요구사항을 할 게 없을 정도였어요."

〈힘을 내세요〉는 3~4차례 편곡 수정을 거치며 작업 기간이 1주일 정도 소요됐다. 물론 곡이 완성된 후 소속사와 이찬원 모두 좋아했다고 한다.

〈힘을 내세요〉는 이찬원의 첫 번째 미니앨범이고 더욱이 앨범 명도 '선물'이다. 팬들에겐 너무 좋고 뜻깊은 '선물' 그 자체이기도 하지만 작곡가 똘아이박에게도 이 곡은 평생 잊을 수 없는 감동적인 '선물'로 남게 됐다.

이 곡 녹음작업이 끝나고 똘아이박은 병원으로 갔다. 아내가 출산을 앞두고 있었기 때문이다. 〈힘을 내세요〉 작업을 마친 몇 시간 후인 다음 날 새벽 똘아이박의 아내는 애를 낳았다. 똘아이박 부부에겐 세상에서 그 무엇과도 비교할 수 없을 만큼 값지고 귀한 선물이었다.

이 곡은 브라스(관악) 등 모든 파트 녹음이 끝나고 기타세션을 맨 마지막에 진행했다. 이 곡에선 여러 대의 기타소리를 들을 수 있다. 일렉트릭 기타는 물론 어쿠스틱 기타까지 다양한 톤이 사운드의 풍요로움을 더해준다. 일렉

기타는 와우페달 톤도 살짝 걸려 있으며 오블리가토에선 나일론 기타 연주도 운치 있게 펼쳐진다.

이미 기타의 오블리가토 라인은 작곡가 똘아이박이 짜 놓은 상태였다. 그래서 세션 기타는 이 라인 그대로 연주를 했다. 어쿠스틱 기타는 테일러 814CE와 어드미라, 일렉기타는 쉑터 선셋 커스텀을 사용했다.

이태윤의 묵직하고 깊은 울림의 베이스 톤도 멋지다.

♦ 힘을 내세요

오늘따라 유난히 힘이 드나요

사는 게 어려운가요

복잡하게 생각할 필요 없어요

금방 지나갈 거니까요

돈 때문에 머리가 복잡한가요

뜻대로 되지 않나요

그깟 걱정도 언젠가 지나간대요

툭툭 모두 다 털어버려요

인생이 다 거기서 거긴 거죠

그렇게 걱정 말아요

살다 보면 좋은 날이 와요

모두 다 힘을 내세요

힘을 내세요 힘을 내세요

아무리 힘이 들어도

언젠가 쨍하고 해 뜰 날이 와요

오늘도 힘을 내세요

힘이 들 땐 술 한잔하면 어때요

사는 게 별거 있나요

한잔하면 유난히 보고 싶겠죠

함께 울고 웃던 친구가

나만 빼고 모두 다 잘 살아 보여

너무나 부러운가요

하지만 다 힘들었던 사연은 있죠

그리 부러워하지 말아요

인생이 다 거기서 거긴 거죠

그렇게 걱정 말아요

살다 보면 좋은 날이 와요

모두 다 힘을 내세요

힘을 내세요 힘을 내세요

아무리 힘이 들어도

언젠가 쨍하고 해 뜰 날이 와요

오늘도 힘을 내세요

힘을 내세요 힘을 내세요

아무리 힘이 들어도

언젠가 쨍하고 해 뜰 날이 와요

오늘도 힘을 내세요

모두 다 힘을 내세요

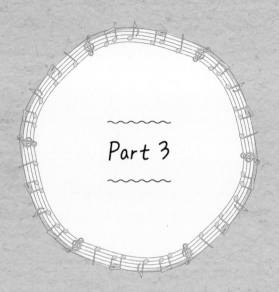

Part 3

관계자들이
생각하는
이찬원

"향후 트로트계 나훈아, 남진 같은 존재 될 것"

고성진(작곡가 · 음악감독, 그룹 '플라워' 리더)
이찬원의 첫 정규앨범 [One] 음악감독. 장윤정, 김정민, 허각, B1A4, 홍경민 등 많은 가수와 작업한 작곡가이기도 하다.

"데뷔 때 이찬원은 어릴 때부터 자신이 들어왔던 트로트를 잘 부르는 가수란 이미지가 강했다면 이젠 트로트를 자기 것으로 체화해가고 있는 것 같다. 본격 이찬원만의 스타일이 나오고 있는 것이라 그래서 더욱 기대된다.

이찬원은 이미 중년 가수다. 이전에 내가 작업한 다른 가수들을 예로 들자면, 어떤 가수는 신인이라서 신인의 느낌, 또 어떤 가수는 3집을 내면서 이제 3집 가수 같은 느낌들이었다. 그러나 이찬원은 신인인데 이미 신인 같지 않았다. 어찌 보면 우리 트로트계의 선배를 보는 듯한 느낌이랄까.

향후 이찬원은 트로트계의 나훈아, 남진 같은 존재가 될 것 같다."

"젊은 나이임에도 트로트 느낌 너무 잘 내"

권한얼(기타리스트 '에이티즈' '악뮤' 투어밴드 멤버)
김범수, 이효리, 윤종신, 알리, 거미, 휘성, 소유 등 많은 가수 세션 및 엠블랙, 뉴이스트 투어밴드 멤버로도 활동. 이찬원의 〈사나이 청춘〉, 〈건배〉, 〈풍등〉, 〈오.네.언.사〉 등 기타 세션.

"한국인이라 그런지 학생 때부터 트로트에 이질감이 들지 않았다. 지금 한국의 음악시장에서 트로트와 아이돌을 빼면 성립이 힘들 만큼 트로트 장르가 막강해진 게 사실이다. 이찬원은 이러한 트로트 인기에 한몫하고 있는 가수 중 하나다.

이찬원 정규 1집에 세션으로 참여했는데, 그의 노래를 들으며 젊은 나이임에도 트로트의 느낌을 너무 잘 내는 것 같다고 느꼈다."

김현아(세션 코러스 보컬, 홍익대 실용음악과 교수)

35년간 3만 5000곡 넘게 세션한 '국민 코러스'. 이찬원의 〈그댈 만나러 갑니다〉와 〈힘을 내세요〉, 그리고 정규 1집 [One] 전곡, 미니 2집 'bright;燦'의 〈하늘여행〉 코러스 세션.

"이찬원은 나이로 볼 때 아직 젊은 데에도 불구하고 이미 속이 꽉 차 있단 느낌을 받았다. 오빠 같다는 느낌이 들 정도로.

그리고 마음이 무척 넉넉해 보였다. 항상 웃음을 잃지 않는 허허실실 타입으로 주변을 밝게 해준다. 자기 색깔도 확실하다.

그 나이에 그런 내공이 나오기 쉽지 않다. 목소리만 들으면 트로트를 20~30년 이상 부른 사람 같단 느낌이 들 정도. 힘이 좋고 딕션도 정확해서 가사 전달력도 남다르다.

이찬원은 가수로서 꾸준히 새로운 영역을 도전해가는

면이 대단하다. 이젠 탁월한 가수에서 작곡까지 그 영역을 꾸준히 확장해가고 있는 것이다.

개인적으론 이찬원의 곡 중에서 〈시절인연〉, 〈하늘여행〉, 〈망원동 부르스〉, 〈트위스트 고고〉를 좋아한다."

"에너지 좋고 창법 파워풀, 확실한 자기 스타일"

남기현(편곡가)

트로트 전문 편곡가. 금잔디 〈오라버니〉, 김용임 〈부초 같은 인생〉, 임영웅 〈두 주먹〉, 유진표 〈천년지기〉, 박우철 〈연모〉, 송해&유지니 〈아버지와 딸〉 등 1000여 곡 넘게 편곡했다.

"이찬원은 일단 에너지가 굉장히 좋은 가수다. 여기에 창법도 무척 파워풀하다. 또한 곡 해석력 탁월하고 자기 스타일이 확실하다.

이찬원을 워낙 좋아해 그가 부른 다른 많은 곡들도 들어봤는데, 개인적으론 그중에서도 〈진또배기〉가 그와 찰떡 궁합인 것 같다.

사건 사고만 없다면 향후 이찬원은 오랫동안 가수로서 롱런할 것이라 확신한다."

"박자를 자기 마음대로 밀고 당기는 역량 대단"

노경환(기타리스트, 임재범 밴드마스터, 중부대 실용음악학 학과장)
다비치, 씨스타, 장윤정, 로꼬, 악뮤, 임재범, 김종서 등 4000여 곡 넘게 세션한 기타리스트로 현 임재범 밴드마스터 및 김종서 밴드 기타리스트 및 중부대 고양캠퍼스 실용음악과 학과장.

"노래를 너무 맛있게 부른다. 음색도 굵고. 그 나이에서 보기 힘들 만큼 박자를 자기 마음대로 밀고 당기는 역량도 대단하다.

그 나이대라면 박자를 맞춰 부르는 데에 익숙한 법이다. 그런데 이찬원은 박자를 정확하게 맞추는 데에 그치지 않고 자유롭게 그루브를 구사한다는 게 대단하다. 천부적으로 노래를 잘하는 가수다. 연주자 입장에서도 노래 잘하는 가수를 만나면 기분이 좋고 행복하다. 그런 점에서 이찬원 곡을 세션할 때 즐거움도 남달랐다."

"아버지는 가끔 내게 '너는 어떻게 임영웅 것도 한번 못
해보니?'라고 말씀하신다. 그러면 나는 '이찬원을 했잖아
요'라고 답하곤 한다. (웃음)"

"이찬원은 오랫동안 롱런할 가수"

똘아이박(작곡가)

브레이브걸스, 백지영, 다비치, 서인영, 티아라, 아스트로, 몬스타엑스, AOA,
초신성, 허각, 제시, 다이아 등 많은 가수의 곡을 쓴 스타 작곡가 겸 프로듀서.

〈힘을 내세요〉 녹음하며 이찬원을 처음 만났다. 길지
않은 시간이라 해도 음악을 작업하면서 가수와 대화를 나
누다보면 그 가수의 품성, 사고 등을 어느 정도 알 수 있
다. 이찬원은 끼도 많고 노래도 잘했고 인성도 너무 좋았
다. (그간 많은 가수와 작업한 경험해 비춰 볼 때) 내가 보기엔
이찬원은 오랫동안 롱런할 것 같은 가수라고 믿어 의심치
않는다.

백운산(역술인, '한국역술인협회' 회장)

김일성 사망, 노무현 대통령 당선 및 김정은 정권 오래갈 것 등 많은 이슈를 정확하게 예언한 대한민국 최고의 역술인. 한국일보, 아시아투데이 등 여러 일간지에 '오늘의 운세'를 연재하고 있다.

"이찬원의 사주(음력 1996년 9월 21일생)는 남다르다.

임수일주—아이디어 좋고 창의성 탁월해 예술 분야에서 재능 발휘하며 대인관계도 좋음—가 술월에 인오술 삼합하여 편재 식신이 많으니 수많은 사람 중에 으뜸가는 최고의 사주다.

2024년에도 만사가 태평이며 인기와 명예가 동서남북으로 최고로 떨친다.

임인대운에 들어 32세부터 결혼운과 재복운, 명예운이 하늘을 올라가는 최고의 운세가 시작될 것이다. 32세 대운이 변동될 때 운기는 대한민국에서 최고의 성공을 이루게 된다.

이찬원은 72세 병오대운까지 만사가 태평이라, 모든 걸 뜻대로 이루며 100세까지 장수한다.

결혼은 32세 임인대운에서 하면 좋을 것이다. 양띠, 말띠 여성만 피하면 된다."

작명학으로 볼 때 이찬원(李燦元)은 아주 좋은 성명이다. 이 이름은 발음오행과 자원오행이 모두 상생으로 조화가 잘 이루어져 있다. 성명자의 원, 형, 이 정에서 원격, 형격, 이격, 정격도 부족함이 없이 잘 보완됐으므로 대단히 좋은 이름이라 할 수 있는 것이다.

• 발음오행

한글 오행 체계인 목(木), 화(火), 수(水), 토(土), 금(金)을 바탕으로 이름을 지어야 발음할 때 자연스러워 좋은 기운이 들어오게 되는 것이라 여기는 작명법의 일환이다.

작명법에서 중요하게 보는 것 중 하나로, 각각의 원소가 서로 상생(相生) 또는 상극(相剋) 관계에 있는 걸 나타내며 이러한 관계를 통해 운명 분석이나 운세 예측에 사용된다.

• 원형이정(元亨利貞)

만물의 시작과 완성 과정에서 나타나는 네 가지 덕성으로 작명에서는 성과 이름자의 획수를 원형이정의 4가지 격(格)으로 산출해 운명상의 작용을 알아보고 있다.

원격은 이름의 끝자와 중간자를 합한 수로 1~20세의 유년 초년 운을 말한다. 형격은 성과 이름 중간자를 합한 수로 21~40세의 청년 장년 운이다. 이격은 성과 이름 끝자를 합한 수로 41~60세까지 장년의 운이다. 정격은 성과 이름 중간자와 끝자 모두를 합한 수로 61세 이후 말년까지의 운을 말한다.

서근영(경희대 포스트모던음악학과 교수)

가수 겸 교수. '젤리피시'와 '미스틱' 엔터 보컬트레이너로도 활동했으며, 멜로디와 언어적 접근을 병행해 K팝의 표현기법 연구에 천착하고 있다.

"이찬원은 중저음이 매력적인 보컬로, 성대 떨림부를 많이 접촉시켜 가창하는 편이지만 후두를 최대한 낮추어 노래하기 때문에 듣는 사람들이 편안하게 그의 노래를 즐길 수 있다."

심상원(바이올리니스트·작곡가, '융스트링' 악장)

드라마 '모래시계'. 김범수 '보고 싶다', 윤상 '이별의 그늘' 등 숱한 히트곡을 작업한 세션 바이올리니스트 겸 작곡가. 코리안심포니, KBS교향악단 단원 활동에 이어 스트링 세션 전문 '융스트링' 악단을 창립해 많은 곡 세션. 이찬원의 〈망원동 부르스〉, 〈당신을 믿어요〉 등도 세션.

"처음엔 이찬원이란 가수도 '노래 잘하는 가수 중 하나'라고만 생각했다. 그러나 이찬원의 곡을 들으며 이러한 선입견이 180도 바뀌었다.

이 작업을 위해 이찬원이 작곡한 곡을 처음 들어봤는데, 웬만한 트르토 작곡가보다 귀에 착착 달라붙듯 친숙하게 다가오는 방식이라 놀랐다. 가수로선 유명하지만 작곡가로선 신인급이라는 선입견이 있었는데, 이러한 게 무너지는 순간이었다. 노래도 잘하는데 곡도 잘 쓰니 앞으로 더욱 기대되지 않을 수 없다."

"이찬원은 젊은 트로트 가수 중 'ONE TOP'"

알고보니 혼수상태(작곡 듀오)
이찬원, 장민호는 물론 조항조, 장윤정, 송가인, 영탁, 박서진, 김연자, 송대관, 신유 등 많은 트로트 가수와 작업한 국내 정상의 작곡 듀오.

"이찬원은 남자 트로트 가수 중 정통 트로트를 가장 잘 부르는 가수다. 젊은 세대 중에선 TOP이다. 정통 트로트에선 밀고 당기기 등 적절한 기교를 맛깔스럽게 살릴 줄 아는 게 중요한 데 바로 이런 걸 가장 잘 살리는 가수가 이찬원이다.

비브라토 자체가 굉장히 굵직하고 감칠맛 나는 꺾기가 최고다. 트로트에선 이런 걸 자연스럽게 구사하는 게 매우 어렵다. 한데 이찬원은 이런 게 이미 몸에 베어 나온다. 마치 묵은지나 어머니가 끓여준 된장찌개처럼.

있는 그대로 자연스러움이 나오다 보니 이찬원이 부르는 트로트가 더욱 깊게 와닿을 수밖에 없다.

경연 때 처음 이찬원을 보는 순간 이 친구와는 꼭 같이 작업해보고 싶다고 느꼈을 정도다.

〈울긴 왜 울어〉란 영상을 보면서 너무 잘하는 가수란 걸 알았다. 첫 곡을 우리와 함께했다는 것도 그래서 더 반갑고 고마웠다. 우리에게도 남달랐고.

이제 이찬원과 느린 곡을 해봤으니 다음엔 빠른 템포의 곡을 같이 해보고 싶다. 이찬원은 템포 있는 곡에서도 출중하니까 빠른 노래에서도 또 다른 탁월함이 기대된다."

"전형적 바리톤 음역대에 호흡 잘 믹스, 자신만의 창법으로"

오한승(동아방송예술대 실용음악학과 보컬 주임교수)

前 SM엔터 보컬트레이너. 동아방송예술대에 '보컬 디렉팅'과 '보컬 스타일링' 과목을 개설한 장본인. 연세대에 이어 버클리 음대, 동덕여대 실용음악 석사 및 서울대 대학원 공연예술학 박사 수료 및 실용음악 보컬 서적 출간 등 끊임없는 학문적 열정을 불태우고 있다.

이찬원은 전형적인 바리톤의 음역대를 지녔다.

그는 자칫 듣기에 무거워질 수 있는 중후함에 호흡을 잘 믹스해 고음부를 굉장히 부드러우면서도 시원하게 표현하는 방식으로 자신만의 창법을 정리했다.

또한 이찬원은 매우 느린 바이브레이션을 자신만의 표현 기교로 잘 소화하고 있는 것도 그만의 특징으로 다가온다.

윤일상(작곡가, 음악감독)

이승철, 김건모, 김범수, 터보, 젝스키스, 김연자 등등 숱한 히트곡을 쓴 당대의 명 작곡가이자 영화 '안시성', '뜨거운 피', '범죄도시4', '평양랭면' 및 디즈니플러스 '카지노' 음악감독.

"마치 아이돌을 연상하게 하는 외모와는 사뭇 다른 반전의 목소리를 가진 이찬원.

그의 목소리는 굵고 선명하며 성숙하다. 거기에 나이를 초월한 듯한 호흡이 가미된 깊은 감정이 풍부히 더해져 세상 어디에도 없는 이찬원만의 독보적인 사운드를 만든다."

"리듬감 탁월, 완급조절은 타의추종 불허"

윤준호(작곡가, '한국예술사관학교' 학부장 교수)

아버지는 가수 윤항기, 고모는 윤복희, 할아버지는 '처녀뱃사공' 작사가 윤부길로 3대를 이은 명문 음악 집안. 태진아의 진아기획(진아엔터테인먼트) 소속 작곡가로 활동했고 젊은 트로트 가수에 이르기까지 많은 가수의 곡을 썼다.

"〈진또배기〉에서 알 수 있듯이 이찬원은 굉장히 파워풀하고 리듬감도 탁월하다. 완급조절은 타의 추종을 불허하는 스킬의 소유자다.

흥이 넘치는 보이스. 모든 음역에서 힘이 들어가 있다. 어떠한 노래에서도 힘이 정말 좋은 가수다. 음 하나하나를 유지하는 힘도 좋고 흔히 말하는 '때리는' 힘도 좋다. 작곡가라면 언젠가 꼭 한번 같이해보고 싶을 만큼 욕심이 나는 가수다.

만일 이찬원과 함께할 기회가 있다면 빠른 템포의 곡을 작업해보고 싶다. 이미 정통 트로트는 많이 있으므로 댄서블하고 센 노래, 즉 락킹한 느낌의 트로트를 작업해보고 싶다.

이찬원이 기존에 노래했던 곡들은 어느 것 하나 버릴 게 없을 만큼 좋다. 색깔별로 말한다면 이미 빨주노초파남보 모두 다 갖고 있는 것이다. 따라서 약간 트로트에서 벗어나 록의 느낌이 나는 세고 신이 나는, 즉 멜로디 탑라인은 트로트 느낌이 실려 있는 곡을 부르면 이찬원만의 또 다른 매력이 나올 것 같다."

"나이 초월한 감성과 표현력, 젊은 세대 중 최고"

이성욱(가수, R.ef)

1990년대 중반 레이브 스타일의 음악으로 선풍적 인기를 끈 ref. 멤버로 현재까지 꾸준히 솔로 활동을 하고 있으며, 2025년 ref. 재결성 컴백을 앞두고 있다.

"이찬원은 젊은 세대 트로트 가수 중에선 단연 최고다. 기존에 들어왔던 트로트 목소리란 점에서도 독보적이다. 톤, 무게감, 울림이 남다르다.

현철, 설운도, 나훈아 등등 기존의 레전드 가수들에겐 애간장을 태우는 특유의 간드러짐이 있다. 이찬원은 이러한 기존에 알던 트로트 시각을 깬 가수다. 특유의 깊은 울림은 말로 표현하기 힘들 정도다. 같은 곡이라도 이찬원이 부르면 느낌이 다르게 다가온다.

가사 전달 울림도 그렇다. 가볍고 친숙하게 다가가는 느낌이었다면 이찬원은 한번 듣고 나면 생각하게 되는, 깊이와 감성의 결이 다르다.

다른 장르도 그렇지만 특히 트로트는 연륜이 쌓여야 더욱 좋아지는 장르다. 그런 면에서 이찬원은 나이에 비해, 다시 말해 그 나이를 초월하고 있을 만큼 깊이가 있다. 어릴 때부터 트로트를 많이 접하며 자란 데에도 기인하는 것 같다. 초기보다 시간이 지날수록 톤은 비슷하지만 가사 전달력 등은 더욱 진화하고 있어 보여 미래가 더욱 기대되는 가수다."

"노래 잘하고 스타성까지 고루 갖춰"

이태윤(베이시스트, '조용필과 위대한탄생' 멤버)
김건모, 신승훈, 싸이, 빅뱅, S.E.S, H.O.T, 임창정, 강수지, 카라, 뱅크 등 2만 곡 넘게 세션한 대한민국 대표 세션 베이시스트. 현 KFN라디오 96.7Mh '영혼의 베이시스트 이태윤의 그룹사운드' 진행.

"이찬원의 곡은 초기부터 최근까지 꽤 많이 세션을 한

것으로 기억한다. 〈편의점〉부터 〈메밀꽃 필 무렵〉, 〈바람 같은 사람〉, 〈사나이 청춘〉, 〈오.네.언.사〉, 〈풍등〉, 〈하늘 여행〉 등등. 이외에도 여러 곡을 세션했다. 이찬원은 워낙 노래를 잘할 뿐 아니라 스타성까지 고루 갖추고 있어 음악 인으로서 오랫동안 인기를 유지할 거라고 생각한다."

"모든 곡을 자기화시키는 능력 대단, 젊은 트로트 가수중 TOP"

전홍민(작곡·편곡자)
윤수현 〈천태만상〉 편곡 및 이찬원 〈망원동 부르스〉 작곡가로 빠른 PC 스킬과 감각으로 20대 초반부터 레코딩 엔지니어계에서 이름을 날렸고 작곡듀오 '마벤져스'에서 활약하며 홍지윤, 정다경, 문초희 등 여러 가수의 곡을 썼다. '아리랑싱어즈' 멤버였던 안영희가 이모.

"이찬원은 모든 곡을 자기화시키는 능력이 대단하다. 꺾는 포인트 등등 성인가요 창법의 기술적 측면이나 감정의 깊이 등 모든 면에서 이찬원이 노래하는 그 자체가 바로 전통 트로트다. 세미트로트를 노래하는 요즘 가수들과는 달리 이찬원은 예전의 전통 트로트 가수들이 하던 폼을 그대로 갖고 온 가수인 것이다.

작업하다보면 내가 요구하지 않아도 노래에서 원하는 기술을 알아서 다 나오게 하는 게 이찬원이다. 젊은 트로트 가수 중에선 단연 TOP이다.

기술이나 감정 연출 등 모든 면에서 당분간 이찬원을 능가하는 가수가 나오긴 쉽지 않을 것이다."

"진정한 의미의 만능 엔터테이너"

최남진(음향엔지니어, '초이사운드랩' 스튜디오 대표)

'소니뮤직코리아', '한국음반', '예음스튜디오' 음향엔지니어 등을 거치며 나훈아, 남진부터 장윤정, 장민호, 임영웅, 박서진, 이찬원까지 거의 모든 트로트 가수를 작업한 국내 최고의 트로트 전문 음향엔지니어.

"이찬원은 보이스 톤 자체가 구수한 맛이 있다. 그와 작업하는 데에 별 어려움이 없었다.

녹음하다 보면 다양한 가수들을 접하게 된다. 소리를 뱉지 못하고 먹는 소리의 가수들을 작업할 때가 가장 어렵다. 그러나 이찬원은 가사 전달력, 즉 표현력과 호소력이 너무 좋다. 이찬원 같은 가수는 원래 갖고 있는 스타일 자체만 잘 살려주면 되기 때문이다.

　이찬원으로 앞으로도 승승장구할 것 같다. 요즘엔 노래만 잘한다고 해서 되는 게 아니라 다른 '끼'도 있어야 하는데 이찬원은 이 모든 걸 두루 잘한다. 진정한 의미의 만능 엔터테이너다."